藏书

珍藏版

周易全书

赵文博 主编

肆

辽海出版社

目　录

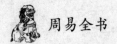

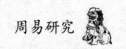

占基性

正如《系辞》所说，周易的内涵无非"辞、变、象、占"四大项而已，这四大项分工合作，构成周易整体。其中有一条无形的线把这四大项贯穿起来，那便是《易》理。象蕴阴阳之理。象变即阴阳之变；辞生于象，辞象之理即象之理；而占则以象、变、辞（包括辞象）为依据，占之理系由象、变、辞所推出；所以占之理实即象、变、辞之理，亦即辞（主要是辞象）的内蕴之理。反过来说，辞象也便成为《易》占的主要基础。许多辞象，如诗歌、故事、寓言之类，放在别处是独立自足的东西，放在周易里则变成《易》理的形象，表现哲理伦理，以指导人事，辅助教化，同时作为占筮的理论基础，以占事知来。《系辞》所谓"圣人设卦观象，系辞焉而明吉凶（上篇二章）""辩吉凶者存乎辞"（上篇三章），就含有此意，这便是作为辞象特点的所谓占基性的来由。

依据《左传》《国语》留下来的占例来看，当时的《易》占也有仅据卦象作出占断的，如《国语·周语》

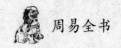

记载，晋成公自周返晋时，晋人曾占问其前途，得了《乾》之《否》（《乾》卦变为《否》卦），断为："配而不终，君三出焉。"意思是，能配天为君，但不能到底，将三次出走。依据是，《乾》象为天，为君。《乾》卦之上卦为天，下卦为君，象征地上的国君与上天相配。但筮得《乾》之《否》后，下卦变成《坤》，《坤》象地象臣，是预示君变为臣，所以说"配而不终。"《乾》之下卦变《坤》，是三阳爻变成三阴爻，所以说有三次由君变臣而出走之象。这就是仅据卦象之变来占断吉凶的例子。但这样的占断法为数甚少，多数则是观象玩辞，主要依辞象占断吉凶。例如《左传·哀公九年》：

"宋公伐郑……阳虎以周易筮之，遇《泰》之《需》。曰：'宋方吉，不可与也。微子启，帝乙之元子也。……祉，禄也。若帝乙之元子归妹而有吉禄，我安得吉焉？'乃止。"

这段历史记述，春秋时代宋国征伐郑国之际，阳虎用周易占问是否可以伐宋救郑。占得《地天泰》卦变《水天需》卦，第五爻动，爻辞辞象为"帝乙归妹，以祉，元吉。"帝乙是纣王之父，是帝王，帝王嫁妹，得如其愿，得受福禄，是大吉之象。微子是帝乙的长子，宋国是微子的后裔。阳虎认为，卦爻的辞象表示微子嫁妹而福禄吉祥，那一定是宋国的吉兆，我焉能获吉？不可与宋国交战。于是，停止出兵。

这一筮问，就是依据《泰》卦六五辞象所示而作出的占断。

再举一例。《左传·襄出二十五年》：

"齐棠公之妻，东郭偃之妹也。东郭偃臣崔武子。棠公死，偃御武子以吊焉，见棠姜而美之。使偃（娶）取之。武子筮之，遇《困》之《大过》。史皆曰'吉'，示陈文子。文子曰："夫从风，风陨妻，不可妻也。且其摇（爻）曰：困于石，据于蒺藜，入于其宫，不见其妻，凶。困于石，往不济也。据于蒺藜，所恃伤也。入于其宫，不见其妻，凶，无所归也。"

这段历史是说，崔武子要娶棠姜，占以周易，得了《困》卦，第三爻阴变阳，成《大过》卦。史官都认为是吉卦，只有陈文子不同意。他先从卦象解释，认为原卦《困》是上《兑》下《坎》。《兑》为少女，《坎》为中男，有夫妻相配之象。但卦变《大过》，则下卦成《巽》，《巽》为风。风往上吹，伤及少女，成为风陨妻

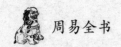

之象，夫妻不终，故不可娶。接着，他又据爻变后的辞象进一步作解。他说，辞象的'困于石'，（困于巨石之下）是难以前进之意'据于蒺藜'（恃于蒺藜之上），是处于受伤的境地之意，入于其宫，不见其妻（返回家去，连老婆也见不到，凶），是表示无家可归。就这样，陈文子着重从辞象上详细解释、分析，遂据以占断：婚事不吉。

对这一辞象，孔子在《系辞》下篇五章中也作过阐释。他的说法是，"非所困而困，名必辱；非所据而据，身必危。既辱且危，死期将至，妻其可得见邪?!"意思是，本来无所困而自入困境，为所不宜为，自寻烦恼，如此则名誉必然受羞辱。置身于不该置身之处，身子必然危险。既受羞辱又临险境，则死期将至，如何能见到妻子！

孔子的解释，旨在阐发辞中的义理，以助于立身行事，所以并不泥于辞象的爻义。而陈文子的解释，则完全是为了占测未来，故从全卦观象解辞，以卦象和爻辞之象为据，对婚娶吉否，作出了占断。对同一辞象，孔子据以讲了一般的立身行事之道，属于辞象哲理性的范畴；陈文子则以之为占断的依据，所讲的属于辞象占基

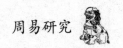

性的范畴。周易既含辞、变、象、占四大项，则孔、陈的不同讲解，可以同在周易圈中并行而不悖。

辞象的占基性，有时直接表现在辞象后面的占断辞上。上举第一例在"帝乙归妹，以祉"的辞象后面，断以"元吉"字样；第二例在"困于石……不见其妻"的辞象后面，缀以"凶"的断语，这是定论性的占断辞。另外还有的辞象，后面所缀的占辞，不具有定论性质，只是一种劝诫辞。如《乾》卦初九辞象为"潜龙"，后缀以"勿用"二字。意为宜于养晦待时，不宜有所作为。这是从辞象中引出的对占者的教戒，不是对辞象本身价值的论定，与前二例"吉""凶"的占断，性质不同，此点容后细说，兹不赘述。以上所述，就是周易辞象所具有的六个特点。前五个：广义性、含蓄性、隐晦性、哲理性和倾向性，在其他取譬喻理的讲话或文章中也不少见，但最末一个"占基性"，却是可提供占卜之用的周易辞象所特有的功能。后代一些占卜书，如前文例举的《金钱课》之类，也利用活跃的辞象以为占卜之据，当是对周易辞象的模仿，但仿其形而弃其理，不过剩下一些皮毛而已。对周易辞象的精义既不能继承，更谈不到发扬。

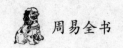

必须指出，仅就上述周易辞象的深厚内涵及其隽永的特性来看，原始的《易》自文王继伏羲之后，以富于形象的文辞阐发卦象的内蕴而著作成书之日起，即已大显义理，绝非"自孔子方始说从义理"，朱熹之言，显然与史实不符。

从上面论述和分析中，还可看出，周易的辞象，具有两重性：既是以卦爻的形象蓄藏中华民族从往古的实践中获得的知识结晶，此之谓"知以藏往"（《系辞上》十一章），是一重性，是根本，同时又为运用卜问未来的筮占提供测事的论据，此之谓"神以知来"（同上）。是二重性，是派生的。前者为理性、为"人谋"（《系辞下》十二章），后者为感性（"感而遂通"《系辞上》十章），为"鬼谋"（《系辞下》十二章）。既可对人谋提供行之有效的"知"（智慧），又可对鬼谋（占卜）"阴阳不测"（《系辞上》五章）的"神"，提供道理的佐证，一身二任，是周易辞象独具的功能。而正因为周易的辞象是伴随六十四卦卦象和三百八十四爻爻象而缀系的，以占卜的形式藏往知来，所以呈现散乱的各自为政的面貌，这也是不可避免的。但归根结底，以爻象卦象为背景的辞象，自可沆瀣一气、脉络会通，这也是理

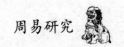

所当然的。

结　语

最后，在我们费了很大精力对如此千姿百态而又隐晦难解的辞象作了上述理解与分析之后，难免又发生疑问：有的学者说，周易之所以曰《易》，是由于此前的龟卜灼甲解兆，过于烦难，而改为筮占之后，观象解卦远较龟卜容易，故名为《易》，《易》是简便易行之意。可是，揆诸事实，《易》占并不容易，如上所述，仅探索辞象一点，其广义性、含蓄性、隐晦性、哲理性以及占基性等等，就如同入海探珠一样，异常繁难。从龟卜到筮占，手续上也许变的简便些，而从内容来说，不要说彻底观象玩辞，吃透辞象真义，就连看懂也不容易。对比之下，周易的占卦实质上要比龟卜难得多。如此说来，占卜之道，从龟卜发展到筮占，不是从难到易，倒是从易到难了。问题在于，单为占卜未来，何必舍易求难?! 卜辞之简单问答，岂不较《易》占之观象玩辞方便得多?! 从占验性来看，《易》占不但较龟卜并不优越，而且还有"不占险"的道德限制。所以，单就占卜

7

之道来说，《易》占较之龟卜，实质上并不能说是一个进步。然则，周易的作者为什么把一个以象喻理，以辞解象，充满隐晦辞象、而占验性并不优越的周易，推向世间？显然，作者的创作目的，除用于占事知来外，主要的还在于义理教化。用孔子的话来说，那就是"作《易》者，其有忧患乎!?"（《系辞下》七章）"于稽其类，其衰世之意邪?!"（《系辞下》六章）困于殷周之际的"衰世"，满腹"忧患"的作者，是借卦爻之辞象以含蓄地表现济世之忧。韩康伯说得好："有忧患而后作《易》，世衰则失得弥彰。爻彖之辞，所以辨失得"（《周易·系辞下》六章韩注）。有忧患而辨失得，这才是周易的创作主旨。占筮云者，无非是作《易》者寓理的体裁与教化工具而已。

《易》象从何处来

周易的形成，大体分为两个半层面。一层是卦象的形成，另一层是文辞的形成。还有半层，是相关的技术层面："筮法"的形成。何以曰半层？因为筮法虽是求卦的必备条件，但不是《易》体的内在要素，它可以更改而不损伤《易》的内涵，故曰半层。历史表明，大约唐代以后著草演算起卦就变为钱币抛掷起卦。宋代以后又出现了以时辰起卦的占术。所以，先秦时代筮数筮法虽被古人视为神乎其神，但它的形成与改变，不属于周易本身，也不会对周易发生变革性的影响。

下面，先说《易》象体系的形成。

《易》象体系是以阴阳二象为基因，以八卦为基础而展开的六十四卦三百八十四爻的巨大系统。《易》象当中最早出现的是阴阳二象，即阳象"—"与阴象"裆"。这二象的成因始终悬而未决，大体上约有下列四种说法：

（一）男女性器说；（二）天文地理说；（三）数字说；（四）占卜说。

第一种说法认为阴阳二象源于男女生殖器形状的摹拟。就是说，最初画卦的人（不论是伏羲或是任何人）是摹拟男女性器的外形而画了阳（—）和阴（裆）两个标象。郭沫若、钱玄同等一些学者持这种观点。这种观点也许和孔子在《系辞下》所说的伏羲画卦"近取诸身"的看法，有一脉相通之处，也未可知。这种摹象，据说属于性崇拜的性质。

第二种说法认为最早所画阴阳二象取象于天文地理。有的说这是古代天文学中观测季节日影所记的符号，夏至日影最短，昼最长，记为"一"，冬至日影最长，夜也最长，记为"一"。有的说，天为清一色的大气，乃画"一"，以象其纯，地则有水有陆，便画"袴"，以象其杂。还有的说，大自然的面貌及其运行状态，总是显出幽明两种形象，天明地暗，昼明夜暗，月满则明，月晦则暗，向日则明，背日则暗，如此情况，处处皆然。明则一目了然，故象以"一"，幽则有所隐晦，故象之以"袴"，等等，后来"一""袴"两记号遂成为八卦的阴阳二象。这些学说，都属于对大自然观察的性质，和文字学上所谓"阴"象浮云蔽日之状，"阳"象山的向阳之状，有些近似。

第三种说法认为阴阳二象出自数字。有的说源于上古人结绳记事，《系辞下》所谓"上古结绳"而治，指的就是尚无文字的远古人记录数字的方法，以"一"记奇数，以"袴"记偶数。有的说来自刻契记数，亦即在器物上雕刻记数的符号，其中初始的奇偶二数，遂成为阴阳二象。还有一说是草策记数，即用草茎竹策之类记下助忆的数目。一根表示一，二根表示二，嗣后便变成八

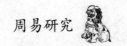

卦始基的阴阳二象。

第四种说法是占卜说，认为阴阳二象的出现，源于占卜。古往今来，主张此说的学人，为数不少。代表人物有宋代的朱熹，现代的高亨。冯友兰、蒋伯潜、于省吾、李镜池等人也持同样观点。其中，朱熹的说法，影响最大。其具体言论，已见上述，兹不再赘。

朱熹断言八卦的阴阳二象，来自占卜，原来有占无文。他推想："当初伏羲画卦之时，只是阳为吉，阴为凶"（《朱子语类》卷六十六）。如宋代的杯珓。杯珓是占卜的工具，以贝壳制成，又名杯教。"杯"象贝壳中空。其状如杯。"教"表示神所教谕。占卜时，将一对杯珓抛掷于地，视其正反，记为奇偶，以定吉凶。实质上和今天流行的掷骰子，没有差异。不过，朱熹只讲了观点的结论，并未讲出论证的详情。高亨也承袭了朱说，并进一步论证和描述了先民占筮的情况。他说："我认为八卦原来也是供占筮之用（筮法很简单），占筮用竹棍，即《楚辞·离骚》所谓'索藑茅以筳篿合，命灵氛为余占之。'所以筮字从竹，……竹棍有两种，一种是一节，用来象征阳性，'—'象一节竹之形；一种是两节，用来象征阴性，'— —'象两节竹之形，这和

奇数为阳，偶数为阴的概念分不开的。三个竹棍摆成一个经卦，六个竹棍摆成一个别卦。爻和卦都是象竹棍之形"（《周易杂论》）。这样，高亨具体地描述了阴阳八卦源于占筮的情形，和朱说实质上如出一辙，所差的不过是一个说杯珓，点到为止；一个说竹棍，明白如画而已。

冯友兰的意见更干脆，他认为阴阳八卦之象是摹仿占卜的龟兆，把《易》象说成龟兆的演变，根据何在，不得而知。蒋伯潜则认为八卦源于投掷筊牌的占卜，筊牌占法，与杯珓占法，除工具的材料有别之外，办法完全一样。仍不外是抛掷于地，视其正反，画出奇偶，抛掷三次，即得一卦。如"奇偶偶"为"下下"卦，凶。"偶偶奇"为"上"卦，吉之类（参考蒋伯潜《十三经概论》）。此外，还有于省吾的说法，他说："《易》卦起源于原始宗教中巫术占验方法之一的八索之占。……八索即八条绳子。金川彝族所保持的原始式八索之占，系用牛毛绳八条，掷诸地上以占吉凶"（《周易尚氏学》序言）。他把八卦看成八索之占。但他忽略了一点，即八卦由阴阳二象组成，八索未必成自二索（只有"八索九丘"，未闻有二索也）以八索之占解释阴阳八卦的来

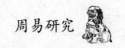

源，很不贴切，令人有迷途之感。

从上述各种占卜说中，可以看出一个耐人寻味的共同点，就是：对组成八卦的阴阳二象来源的探索，这些学者所使用的逻辑方法都是类比推理。朱氏说，初占无文，与杯珓相似；高氏说，犹如屈原所谓筵篿（竹棍）之占；蒋氏说，类似今日的胶牌。冯氏说，形似卜占的龟兆；于氏说，好象彝族的八索之占，云云，都是以古今的占术类比而作出的联想与推论。但无论哪一个类比，都是不完全的，而且是非本质的，都没有抓住问题的本质，而仅只以外形的相似，作了单线联系的类比而得出片面的结论。

那么，阴阳八卦的来源，亦即《易》象的来源，其本质问题是什么呢？关于这一问题，上述各种占卜说没有触及，性器、天文、地理、数字等说，也没有触及。而如不触及并解决这一问题，就无法说清阴阳二象的来源。

来源的几种学说

作为《易》象基因的阴阳二象，其来源的本质问题，不是其形象的形式来自何处，而是其形象的义蕴（概念）如何产生。宇内的万事万物，外形肖似而实质迥异的东西，比比皆是。明末大画家石涛仅据形似便将绘画的"—"划视为《易》象的"—"阳，从而立论曰画源于《易》。这就是这方面形式主义浅见的一个史例。上述阴阳二象来源的各种说法都有类似的弊病。

具体地说，性器说所举出的雌雄性器的摹象，表面上看，和八卦的阴阳二象极其相似。但据此便推想原始人（或许是伏羲氏）是依此画下了从洪蒙的太极中剖判天地的阴阳二象，这便是一种以脸谱论人物式的形式主义论点。为什么呢？道理很明显：原始人的性器摹写，性质属于蒙昧的性崇拜。而八卦的阴阳二象的性质却是阴阳之道，是放之四海皆准的宇宙根本大法，亦即今天所说的对立面统一的规律。朱熹的《易》为占筮说是错误的，但在这一点上他说的很对。他说："伏羲之《易》，初无文字，只有一图，而天地万物之理，阴阳始终之变具焉"（《朱子大全·答袁机仲》）。在蒙昧意识笼罩下的性崇拜之象和"冒天下之道"的阴阳二象之间，横亘着难以越过的万水千山。从前者变为后者，不是量变，而是质变，不经过漫长的社会发展和智力发展，不经过思想的高度抽象和极度概括，绝不可能实现从性崇拜观念到宇宙规律范畴的质的飞跃。今天人们可以从世界各地发现不少性崇拜遗象，但人们尚未从中见到性崇拜一跃而成为哲学的踪迹。总之，这里存在着两个问题：一是性器记号所表现的性崇拜意识，跟八卦的阴阳二象所表示的宇宙根本大法的思想之间，在认识上性质不同，等级不同。前者是以本能为基础的蒙昧意识的表露，属于认识的低级层次。后者则是反映宇宙本质的智慧结晶，属于认识的高峰层次。二是性崇拜符号所表现的对象只是万事万物中的一点，而阴阳二象所涵容的则是所有的事物，二者相比，思维能力的高低与性质，迥乎不同。两者之间存在着难以突破的质的差异。

天文地理说的情况和实质，在这一点上基本类似。两说取象的直接性与片面性，都和阴阳取象的概括性与全面性，有本质的差异。理由已见上述，无需再赘。但关于数字说和占卜说的难以自圆其说之外，却仍有补充说明的必要。数字说的中心，在于奇偶二数和阴阳二象外形相似，意念相关。但两者在本质上根本不同。阴阳二象可以包括奇偶二数，但反过来奇偶二数却不能包括阴阳二象。换言之，阴阳二象的外延广及相反相成的万事万物，宇宙间任何现象，无论是物质的或是精神的，无一不包括在阴阳二象的范畴之内；而奇偶只表现事物的量的一点，它当然也附属于阴阳的范畴之内。无论是结绳的单双也罢，书契的"Ⅰ，Ⅱ"也罢，草茎的"一、二"也罢，都离不开量的范畴，都不具有阴阳二象那样概括宇宙人间一切现象的外延。正如性器符号只反映人的雌雄关系的现象，天文地理说只反映大自然某种状态及其运行的某种情况那样，占卜说所反映的对象的片面性、狭隘性和局限性，同八卦的阴阳二象及以整个宇宙为对象而全面反映的无限广阔性，实质上根本不同，不可同日而语。具体地说，阴阳二象不仅反映人的雌雄，昼夜的长短，天地的清杂，自然的幽明和数字的奇偶，还反映君臣、父子、夫妇、贫富、美丑、战和、贤愚、正反等等，宇宙万物无一逸出其反映范畴。老子所谓"……有无相生，难易相成，长短相较，高下相倾，音声相和，前后相随"（《道德经》第二章），指的正是"万物负阴而抱阳，冲气以为和"（同书第四二章）的状态，是对阴阳二象反映功能的无限性所作的正确的描述。由此可见，从反映范围的广狭来看，数字说也和上述其他说法一样，都是把不容对等相比的两类东西拿来从外形对等相比，这是它在逻辑上的错误。

其次，最重要的仍是前面说过的概念的质的飞跃问题。这里需要着重阐明的是，原始人的数字思维的低级性和局限性。经过长期考察，法国学者列维·布留尔得出结论说："在非常多的原始民族中间（例如澳大利亚、南美等地），用于数的单独名称只有一和二，间或有三。超过这几个数时，土人就说：'许多，很多，太多'"（《原始思维》）。我国的远古时代，人们的数字观念，当然与此类似。虞翻所谓"物三称群"（《周易集解纂疏》），就含有此意。最具代表性的例子是老子所说的"道生一，一生二，二生三，三生万物"（《道德经》四二章），透露出远古人以三代表多数的数字观念。这种情况不但表现于人类的幼年时代，从儿童的幼小时期也可以约略见到。对智力始萌的幼儿来说，简单的个位数也要经过难苦的学习才能掌握。所以，有的学者据此推想，在人类思维的发展史上会有一段悠久的年代，数字

观念不超过三。三曾含有类似"无限大"的性质。以后代发达的头脑来看，如此幼稚的思维似乎不可思议，但人类中无论哪个民族的数字观念都免不掉经过这样局限性极大的低级阶段。

远古时代人类的数字观念，不仅在量的方面如此狭隘，在质的方面也有很大的局限性。那就是求同舍异的抽象能力非常薄弱，往往不能在形成数字观念时完全舍去具体的形象。有些落后民族的数字观念，往往和事物的具体形象联系在一起，计数时说一个羊，两个鸡，三个猪等，而不会说抽象的一、二、三。幼儿的数字思维也有这个特点，只明白一个梨，两个蛋，三个糖，却不懂得独立的抽象的一、二、三。这是思维历史发展自身必然性的一种表现，无可疵议。

关于这一点《原始思维》作了深入的具体分析，它说："通常人们都是不作预先的考察，就认为下述的东西是合乎自然的事实：计数是从 1 开始的，各种数是通过对先前的每个数连续加 1 的办法来形成的。实际上，这是逻辑思维在它开始意识到数的功能时所不能接受的一个最简单的方法。

……（只要有 1，就能从无中引出一切）。然而不拥有抽象概念的原逻辑思维（作者把先逻辑思维称作原逻辑思维——笔者）却不是这样的。原逻辑思维不能清楚地把数与所数的物区别开来。这种思维由语言表现出的那个东西不是真正的数，而是'数——总和'，它没有从这种总和中预先分出单独的1。要使这种思维能够想象从1开始的、按正确序列排列的整数的算术序列，必须使它把数从其所表示的那些东西中分离出来，而这恰恰是它所办不到的。相反的，它所想象的是实体或客体的总和，这些总和是它按其性质及其数而得知的，数则是被感觉到的和感知到的，而不是被抽象地想象的。"

这段话是经过大量实地考察而作出的结论，足资信从。可见，想从原始人的先逻辑思维的头脑中导出一般抽象的数字概念，无异于缘木求鱼。

这里要探讨的问题，不在于这种数字思维的原始的低级性与局限性，而在于从这么低级阶段的原始的数字思维中，怎么可能产生那么高级的弥沦天地人三道的阴阳二象？没有高度的抽象概括的思维能力，怎么可能集中万事万物的共同本质并经过论证①而把它归结为阴（－－）阳（—）两个对立统一、相反相成、并成为八卦基因的画象？换言之，从贫乏的幼稚的数字观念中怎么可能产生阴阳二象这一对"冒天下之道"的哲学范畴？也就是说，问题在于原始的数字观念"奇偶"，究竟在思维中通过什么道路，运用什么办法，克服自身的幼稚性和局限性，越过发展的中级阶段和量变过程，摇身一变而成为高级概念"阴阳"？数字说（也包括占卜的奇偶说）是回答不了这个问题的。显然它所主张的低级的奇偶转变为高级的阴阳，只有想象的同一性，而无现实的同一性，故此，八卦的阴阳二象产生于原始记数（或筮数）的说法，是难以成立的。

　　在诸说中受到支持最多的是占筮说。但他的命运和其他说法一样，难以成立。

　　首先，也是最根本的，八卦的阴阳二象和占筮的兆象，性质不同。无论类似杯珓的占具或竹棍的卜器，取其兆象的目的是取得神的预示，以先知未来的吉凶祸

_____

　　① 适用于一切事物的阴阳概念，不可能来自完全的归纳，而必配以演绎的论证。

福。在原始时代，它是由巫或觋所通行的人神之间的桥梁之一。杯珓的正反和竹棍的奇偶，并非客观事物的概括反映，而是预示未来如何的兆象。但八卦的阴阳二象却不是这样。如上所述，它是全面概括万事万物内在矛盾的标象。任何对立面的统一体，都在它的涵盖之内，"吉凶""祸福"这两对概念也不例外。它的性质不是预测，而是反映。占兆的正反或单双会表示吉凶、祸福，而阴阳二象的内涵却不仅是如此简单固定的预测性质，它所表示的乃是万物生生不已、千变万化的普遍规律。

第二，占筮所获得的兆象，无论正反或单双，都是占具摆动而形成的机遇现象。而八卦的阴阳二象，则是概括万物的本质而形成的范畴。前者是偶然的产品，后者则是必然的结晶。

第三，阴阳二象逐渐演为八卦乃至六十四卦。它是《易》这一巨大的哲学体系兼辩证思维系统的基因。而原始的草占龟卜及其他多样杂占，无论在世界何处，都无发展成为一门哲学的先例。因为，哲学讲规律，规律属于必然性范畴，而占卜术则是靠占具的随机变动，属于偶然性范畴。想从偶然的变动中导出必然性的哲学体系，那无异于缘木求鱼。从占卜兆象的大量统计中，能够引出的不过是大数法则之类而已，超不过概率论这种量的理论范畴。因此，李镜池先生认为，阴阳两个符号是用蓍草占卜时的偶然发现，在《周易》中也不见得有何意义。（转引自秦广忱《周易阴阳观的起源及其自然科学基础问题》载《周易研究》合订本）这种简单的论断，不合乎思维发展的原理。

第四，正由于上述原因，由于机遇的偶然性的制约，占卜术所获得的兆象（正反、奇偶等及其形成的图象），并不具确定性，其命中率，从概率的理论来说，只有50%（吉或否）。对问卜者实际上只有碰运气、精神安慰、助长气势之类的心理效应，绝对不能成为事业和生活的指南。正如荀子所说："卜筮然后决大事，非以为得求也，以文之也"（《荀子·天论》）。"文"，就是《红楼梦》里贾珍为可卿办丧事时想要借个封号"风光风光"那样的意趣。相反地，阴阳二象所表示的阴阳变易之道，却不分时地，永远具有宇宙根本大法的功能，可使掌握它的人"无有师保如临父母"（《系辞下》第八章）。对人的事业、生活与修养，尤其是对处于衰世困境的君子来说，它是最简明切要的指路明灯。

最后，为彻底划清占筮兆象与阴阳二象的界限，仍需重复上文，再强调一下：原始的占卜思维，属于非理性的悟性思维，它以命由神定，人由神使为前提，以不可测的偶然结果为依据，这是一种蒙昧的最低级的思维。而作为辩证思维体系《易》体基因的阴阳二象，则是熔铸图象与逻辑于一炉的高级思维。一为偶然的兆象，一为必然的法则：一在深谷，一在高峰。二者之间横亘着万难逾越的空间。试问，如此低级的卜筮兆象怎么经过质的飞跃而变为《易》象的基因？着实难以想象。

这是占筮说难以成立的关键问题。在这个问题上似乎尚未出现令人满意的答案，不但如此，而且有些学者好象对此有所忽略。古代的朱熹等是这样，当代的高亨等也是这样。

前文说过，朱熹一面认为"八卦之书，本为占筮。方伏羲画卦时，止有奇偶之画，何尝有许多话说？"另一方面又说："伏羲之《易》初无文字，只有一图，以寓象数，而天地万物之理，阴阳之变具焉"（《朱子大全·答袁机仲》）。一面贬斥阴阳为占筮的奇偶二画，没多少话说，反过来又说它寓天地万物之理，具阴阳之

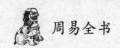

变。而当门徒怀疑他的卜筮说，问他："伏羲画卦恐未是教人卜筮时，他反过来又说："这都不可知。但他不教人卜筮，画作甚"（《朱子语录》卷六五）。既说"不可知"，又说"画作甚"，含糊其辞，前后扞格。他就是抱着这种态度强调八卦阴阳源于占筮。至于以预测为目的的占筮兆象的奇偶数，如何能具"天地万物之理和阴阳始终之变"，或者如何发展到那个高度，两者之间有何内在联系，他却置之不论。

高亨的论调，一定程度上和朱熹有类似之处。一边说"八卦原来也是供占筮之用，"爻和卦都是占筮的竹棍的形象，一边又说"阴阳两爻的创造，反映了古人认识到宇宙事物的阴阳两性矛盾对立的现象。"以竹棍的奇偶测事，是占筮的初级形态。那时人类的认识还处于人神之间，思维能力还处于未能脱离具体事物的原始阶段，而能够认识到阴阳两性的矛盾，则需要相当发达的抽象思维能力。两者不能在同一社会群体中同时并存。在简单卜筮的初级思维和辩证的高级思维之间，绵延着充满生产实践、社会实践和思维实践的极其悠久的历史年代。如同原始的数字一样，原始的占筮兆象也绝不可能生出《易》卦的阴阳二象这样蕴涵宇宙大法的哲理。《易》卦阴阳二象的高度抽象性、概括性、灵活性和变化莫测的玄妙性，以及其后继续形成的带有永恒意义的多方面多层次的发展过程，表明在它的原始胎体内原来就蕴涵着无限深厚的广阔的哲理基因，说它具有宇宙全息的特性，也不为过。它和占卜小技在性质上内涵上思维等级上和功能上，有天渊之别。因此，朱熹的空洞的卜筮说和高亨的具体的占筮说，以及其他学者的类比占筮说，都不能"言之成理，持之有故"，都不能成立。

占筮说不但在理论上说不通，从历史实际来看，也站不脚。古今中外世界上"三王不同龟，四夷各异卜"（《史记·太史公传》），包括龟卜在内，形形色色的杂占杂卜，何止千百八种。试问，其中哪一个"蜕变"发展成为高深的哲学？哪一个登上了学术殿堂？哪一个能象周易这样，日益发扬光大？在古代，对占卜之道不但士君子鄙之为末技，为世俗所贱简，就连利用神道设教的君主，也不予以完全重视，司马迁曾说："文史星历，近乎卜祝之间，固主上所戏弄，倡优畜之，流俗之所轻也"（《报任安书》）。这种为人们所轻贱的占卜小术，如何得以生出如此博大精深如周易的学问？因此占卜之

转为高深哲学，可以说，不仅于理不合，实际亦未曾有。

来源的合理探索

既然上述诸说都不能合理地说明《易》卦阴阳二象的来源，那么，究竟它的来源在哪里？怎样探索才是较为合理的途径？这一问题，由于没有直接的文化遗存可资查证，所以只好依据古代学者的有关文献，参照上古社会的历史情况，力求作出合乎逻辑的探索。上文的论述，为这一探索提供了依据的原则。那就是：

第一，《易》卦的阴阳二象，不是一事一物的象征，也不是数字与占卜的符号，它是象征宇宙万物的范畴。第二，要想在认识中建立起这么深广的范畴，必须具备高级的思维能力，亦即观察、抽象、归纳、演绎、概括以及具有辨证性的思维能力。

从这两个原则出发来看，真正的阴阳二象的诞生，不会在远古的洪荒时代、或神话传说的时代。在结绳记事和占卜问神的原始人的头脑中，绝不会产生如此高级的辨证概念。应该说阴阳二象（从形式到内容）的出现，起码是在先民脱离蒙昧而进入文明的历史时期。传说认为它是伏羲所造，但伏羲何人，生于何时，已无迹可考。伏羲即使真是圣人，头脑也不能超越时代。

在这一问题上，孔子的首要观点是《易》象的八卦（当然以阴阳二象为基因），最初为伏羲氏所画，这大约是依据春秋当时普遍流行的传统说法而作出的论断。那么，伏羲这个圣人是怎样始创阴阳八卦，其创作意图是什么呢？孔子是这样阐述的：

"古者，包伏氏（即伏羲氏）之王天下也，仰则观象于天，俯则观法于地，观鸟兽之文，与地之宜，近取诸身，远取诸物。于是始作八卦，以通神明之德，以类万物之情。"（《系辞下》第二章）

这段话表明三点：一是表明画卦的伏羲其人是尊长，是圣者；二是叙述画卦的过程；三是说明画卦的目的。其中最重要的是第二点。画卦（始自画阴阳二象）的过程，实即理性思维运动的过程。伏羲观察天地鸟万物以及人身，然后画出八卦，从观察具体事物到画出抽象的八卦，其间的过程，孔子没有详说，只说了一个"取"字。这个"取"字，当然是意味着从事物中抽取共性，经过归纳、概括而后表之于两个形象："—"

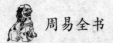

（阳）与"祎"（阴）。在此基础上演画出八卦，乃至六
十四卦。这就是所谓"观物取象"的认识过程，也是阴
阳八卦概念形成的思维过程。孔子这段话还表明，观物
的广泛性遍及天地人，无所不观，取象的深刻性达到宇
宙万物的共同本质。这同前述天文 地理说之宥于一事
一类的观察取象与概念形成，有质的差别。

那么，画卦的目的亦即阴阳八卦的功能是什么呢？
照孔子的理解，那就是"以通神明之德，以类万物之
情"（同上），这里所说的神明，不是指天帝的神灵，
也不是日神的别名。此处的神明是说"隐藏谓之神，著
见谓之明，阴阳交通乃谓之德"（《周易集解纂疏·系
辞下》）。意为阴阳八卦之象，具有表达神（阴）明
（阳）交流变化之性的功能。此句中的类字，是分门别
类之意，意为阴阳八卦之象能够分门别类地表达万事万
物的情志。如《乾》夬象天，《坤》姤象地，《坎》趄
象水，《离》羑象火，等等。这是《九家易》和李道平
的注释。虽是古注，却简洁地说明了阴阳二象的性能信
其所组成的八卦的功用。前者象征相反相交、生成万物
的阴阳二气，后者分类象征阴阳二气所组成的各类事物
的情志。宋代史学家司马光说："圣人上观于天，下观

于地，中观于万物而作《易》也。《易》道始于天地，终于人事"（《易说》）。是对观物取象的补充说明。

这里需要解释一下，八卦的《乾》（天）、《坤》（地）、《震》（雷）、《巽》（风）、《艮》（山）、《兑》（泽）、《坎》（水）、《离》（火），似乎只代表八类事物，怎么能"类万物之情"呢？有的学者认为这句话是小词大用，这恐怕出于以今推古的误解。因为，前文说过，上古的数目观念曾以三为多，甚至为最多，老子所谓"三生万物"即其语义遗风的表现。《易》之八卦，由阴阳二象组成，原来是三画一卦，八卦全是三画。三意味无限多，故而三画的八卦，自然可象征"万物之情"。这是一。其次，阴阳二象的三度组合，最大度是八次。八卦已穷尽了最大量，故而在画卦者思想中，三画的八卦便可象征所有类别的事物。孔子在《系辞》中说的这段话，并无人们误解的语病。上述孔子对阴阳八卦产生和形成来源的首要观点，大约是依据传统说法，如《礼记·祭义》所云："圣人建天地阴阳之情，立以为易"，从观物取象的角度作了阐述。用今天的话来说，可以说，它是按照主观反映客观的实际过程而提出的学说，属于哲学的性质。

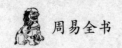

但主张《易》象源于占筮，哲理为孔子所加的朱熹，不论其主张正确与否，在这个问题上却犯了前言不搭后语的文病。他一面强调伏羲画卦只为占筮，没什么道理，道理来自孔传。而谈到阴阳八卦的产生时，却唱起反调，大讲哲理。

他在《周义本义》（"本义"指易经本系卦书）《乾》卦夬卦义的释文中说：

"……伏羲所画之卦也。一者奇也，阳之数也。乾者健也，阳之性也。……伏羲仰观俯察，见阴阳有奇偶之数，故画一奇以象阳，画一偶以象阴，见一阴一阳有各生一阴一阳之象，故自下而上，再倍而三，以成八卦。见阳之性健，而其成形之大者为天，故三奇之画名之曰《乾》，而拟之于天也。"

对《坤》卦姤卦义的解释是：

'袴'者，耦也，阴之数也。坤者顺也，阴之性也。……阴之成形，莫大于地，此卦三画皆耦，故名《坤》。"

又如对《艮》卦肇卦义，他是这样解说的：

"艮，止也。一阳止于二阴之上，阳自下升，极上而止也。其象为山，取《坤》地而隆其上之状，亦止于

30

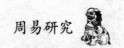

极而不进之意。"

从朱氏这些释例中可以看出，他对易卦原义的解说，纯是以孔子所述的伏羲氏仰观俯察、观物取象而形成阴阳二象范畴为立足点和出发点，对奇之阳性，耦之阴性，天健地顺山止的物性论断，无一不是在讲阴阳生化的义理，正是"有许多话说"！不是他所反复强调的"方伏羲画卦时，止有奇偶之画，何尝有许多话说"（《朱子语类·易类》）。而是如他在另一处所说："伏羲之《易》初无文字，只有一图，以寓象数，而天地万物之理，阴阳始终之变具焉"（《朱子大全·答袁机仲》）。上引三例足以表明，朱熹是从"易以道阴阳"的观点阐述卦象的成因及其义理，可以说是对孔子传义的发挥。这显然是以自语否定了自己所说的"八卦之书，只是为占筮设，到孔子方始说从义理"的论断，犯了自语相违的逻辑错误。从这里，可以更深入地看到八卦阴阳之象的哲学范畴，不可能从占筮符号的低级思维中产生。

除了从历史实际的角度对阴阳八卦的创作与形成作如上叙述之外，孔子又从逻辑思维的角度对阴阳概念的产生及发展为八卦的过程作了如下的说明：

"……易有太极，是生两仪，两仪生四象，四象生

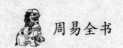

八卦，八卦定吉凶，吉凶生大业。"（《系辞上》十一章）

所谓太极，即太一，也就是一。许慎说："惟初大一，道立于一，造分天地，化成万物。"（《说文》）古人把天地未分之前宇宙的混沌状态描绘为"一"，太极这个概念即指"一"而言。与此相应，"凡物之未分，混为一者。皆为太极"（司马光《易说》）。拿《易》来讲，它是阴阳混一的母胎，造化的本源，今人谓之"雌雄同体"。这就是所谓太极生两仪。仪是匹配之意，阴阳二象成双成对，故曰两仪。孔子说《易》有太极，但《易》中并无太极之象，太极（太一）大约是孔子用来表示阴阳二象来源的概念。[①] 也有人认为，太极云者，就是伏羲氏仿天而画下的头一笔"一"（阳象），有了"一"，再仿地而画下与一相匹对的第二笔"袴"（阴象），从"一"（阳）到"袴"阴"，就是孔子所说的太极生两仪。这也可备一说。接着，从两仪中生出了四象，四象是阴阳二象的最大组合，具体情况是阳上生一

[①] 《礼记·礼运篇》有云："夫礼必本于太一，分而为天地，转而为阴阳，变而为四时。……

阳豂，谓之太阳，阳上生一阴喷，谓之少阴，阴上生一阳沫，谓之少阳，阴上生一阴雏谓之太阴。这既体现阴阳二象的组合衍生，也与四季的展开相合：春为少阳，夏为老阳，秋为少阴，冬为老阴，体现出阴阳八卦形成的概念运动过程与宇宙起源和天体运行的物质运动过程符节相合的统一性。四象继续发展，其最大组合就成为八卦。亦即：太阳上加一阳组成三阳，是为《乾》夬，象天；太阴上加一阴，组成姤，是为《坤》，象地；少阴上加一阴侯，是为《震》，象雷；少阳上加一阳侯，是为《巽》，象风；太阴上加一阳犨，是为《艮》，象山；太阳上加一阴羑，是为《兑》，象泽。少阳上加一阴趋，是为《坎》，象水；少阴上加一阴羑，是为《离》，象火。《乾》性刚，《坤》性顺，《震》性动，《巽》性入，《艮》性止，《兑》性悦，《坎》性陷。《离》性丽。阴阳二象如此运动发展，尽组合之能事，完成涵盖宇宙万象的八卦，其运动组合是自然的，必然的，是能行性的。用邵雍的话来说，就是一生二、二生四、四生八这样一个自然组合的衍生过程。这个二进制的八卦图，曾给十六世纪德国哲学家莱布尼茨以很大启示，使他有所悟，而进一步开发出计算机的二进位制

原理。

但苏东坡对此有不同的解释，他认为：

"太极者，有物之先也。夫有物必有上下，有上下必有四方，有四方必有四方之间，四方之间立，而八卦成矣。此自然之势，无使之然者。"（《苏氏易传》卷七）

这是从有物无物和物生后的形体上对孔子这段话所作的解说。它离开了阴阳的组合发展，恐非孔子原话的本义。孔子的话是从阴阳二象出生直到组成八卦的过程，从概念运动的数理逻辑角度所作的论述，应该看作是对上述观物取象说的一种补充。单用物体形成的方位来解释，那就大大降低了八卦的涵义、功能和价值。

孔子在《系辞》里所说的八卦，往往不仅指八个经卦，也指包括别卦在内的《易》体六十四卦。八个经卦仍旧一分为二，组成十六卦，十六卦再一分为二，组成三十六卦，三十六卦再一分为二，即组成六十四卦。六十四卦是八卦的最大组合，所以它能分门别类地显示"万物之情"，即无穷无尽的所有事物的情态。这样，从太极生两仪算起，经过七个步骤，得以形成《易》象的整个体系。这七个步骤，从形式到内容，构成一个有机

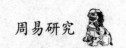

联系的链条，在数理关系的逻辑上讲，其发展是顺理成章，毫无造作之迹。

不过，这里却出现了疑问：这个《易》象体系发展形成的原动力是什么？换言之，是什么力量推动太极生出两仪，并经由四象和八卦而发展成为六十四卦的《易》象体系呢？

回答这个疑问可以有哲学与非哲学的两个办法。哲学的答案有二，一是前文说过，《易》本源于效天法地，观物取象，所谓"广大配天地，变通配四时，阴阳之义配日月"（《系辞上》六章）。阴阳、四象、八卦乃至六十四，无非是宇宙万物由根柢发展为千姿百态的过程在画卦者头脑中的反映。亦即上文所引伏羲从仰观俯察中"取"来而仿制的自然实际，故而无勉强人为之迹。二是从逻辑上看，太极内含阴阳，相反相成，必然由静而动，其连续的一分为二，是内在矛盾的运动所促成，衍展为六十四卦是势所必至，理有固然。所以说，顺理成章，并非造作。这两个答案，前者是讲主观对客观的概括，后者是讲概念自身的逻辑发展。从内在联系上说，二者可并为一个，那就是阴阳二象经七个步骤而形成八卦乃至六十四卦的过程，乃是客观世界内在矛盾发展过

程在画卦思维中实际反映。故此,上述孔子的观物说和太极说在说明以阴阳为基因的《易》象的形成上,是合理的,深刻的。应该说,孔子的学说体现出历史与逻辑的统一。

关于阴阳二象相反相成,相交互变的情况,孔子谓之"刚柔相推而生变化"(《系辞上》四章)。但刚柔相推的动力,即促使阳变阴,阴变阳的动力又是什么呢?孔子也以观物说作了阐释。他说:"仰以观天文,俯以察地理,是故知幽明之故"(《系辞上》四章)。陈梦雷对此作了深入恰当的解说。他认为孔子这段话的意思是"……穷理之事也。……《易》者阴阳而已。幽明、死生、鬼神,皆阴阳之变,天地之道也。……昼明夜幽,上明下幽,观此见天文幽明之所以然。南明北幽,高明深幽,察此见地理幽明之所以然,就天文地理而分言之,似天文明而地理幽,而天文地理中又各有幽明,如日月雷风,见于象者为明,其藏而不见处为幽。……以《易》之阴中有阳,阳中有阴,知天文地理中之幽中有明,明中有幽。阳极生阴则渐幽,阴极阳生则渐明,终古天地如此。知其所以然之理,所谓知幽明之故也"(《周易浅说》)。这段话把孔子关于幽明之故源于观物的道理，讲得相当透彻。可见，《易》象之阴阳相对相待，阴中有阳，阳中有阴，阳极生阴，阴极生阳，是天文地理的反映。其运动的动力是来自大自然的内在矛盾，不是来自于人为的造作。

以上，是符合哲理的答案，可视为正解。

当然，此外还有违反哲理的答案，其中主要是源于占卜的臆说，朱熹即作如是说。如前所述，他认为伏羲所画奇偶两画，是为教人卜筮。起初有占无文，与民间占卜的杯珓相似。据他的观点来说，八卦的阴阳二象只是占卜记录的奇偶标记，自然没有什么义理内涵。照他的说法，四象、八卦乃至六十四卦，就只能是由没有义理的占测之兆的标记生出来的。就是说，伏羲当初是依据这两个占测所得的空洞的奇偶标记，推出了四象、八卦乃至六十四卦。朱熹这种说法，是把反映宇宙大法的阴阳二象同乞求神谕的占测标记等同起来，是把深广的哲理范畴同浮浅的记事标记等同起来，是把记录偶然结果的占卜标记，同蕴涵必然规律的概念等同起来，也是把相反相成相交互变的能动的《易》象（变易之象）同记录占测结果的被动的，如同龟卜兆象那样的静定标记等同起来。试问，如此浅薄的源于占卜记录性质的奇

偶标记（与自身同一的初级概念），怎样经过量的积累发展，在什么条件下发生质变，通过什么方式和道路，转化为涵盖万物的哲学念"阴阳"？这些静性的奇偶标记，怎样获得能动性而一分为二，通过上述六个步骤，衍为六十四卦的《易》象体系？促使占卜标记"奇偶"运动发展的动力是什么？其外在的动力当然是占卜行为，但占卜行为的数量积累，怎么能够改变占卜标记的性质而使它由普通概念跃升为哲学的高级范畴？同时，其内在动力又是什么？而如无内在动力，事物只能发生机械性移动，不会发生质变。这一系列的问题，古代的朱熹等当然回答不出，现代的高亨等恐怕也难以交卷。

由此观之，《易》卦本占筮而画，阴阳二象源于占筮，以及八卦成于占筮符号的组合等说法，无论从历史上，文献上或逻辑上说，都是不能成立的。

附录：作为参考，与此相关的问题可举出方形的观念。四形和四时的观念与数的观念一样，到形成为止都有一个艰难的历程。原始人起初不识数，后来逐渐发展到辨识一、二、三；对方形识别，也是如此。依据考古学的研究，原始人的时间观念和空间观念是经过一个混同的历程而后逐渐分开的。张劲松先生在《论中国远古的方形文化与八卦的起源》一文中作了如下的论述：
"上古人的日四时和年四时的分割模式反映了其时间观
念同空间方位是混同的，或者说是合一的。这种混同在
文化上是因为四方和四时都是以方形观念为母体的。在
科学上是因为太阳在空间中同一位置的再现是周期性
的，原始人凭长期观察已经认识到了这一点，故以太阳
运行的四空间位置来标志循环的四时时间"（《东南文
化》1996 年第二期）。张文以大量出土资料为依据，言
之成理，持之有故，对认识原始人思维的先逻辑性，提
供了重要线索。

另外，张文依据安徽省含山县凌家滩出土的新石器
时代的方形玉片认为，八卦图源于原始人的方形文化，
同时驳斥了性器说和著卜说。其文曰：

"……这便是含山方形玉片的原始八卦图。孔子
（认为'八卦之德方以智'）和王嘉（晋人，著《拾遗
记》，说伏羲坐于方坛上画八卦）的确揭示了方形（也
即方坛）与八卦的秘密，较今日学者认为八卦始源于
两性文化或蓍草卜而完全忽视了方形文化要强。"

张文主要内容是认为八卦本来有图，图源于原始人
的方形文化。是否如此，本文认为尚需深入考虑，不愿

妄加评论。同时张文的论题与本文所谈的阴阳二象的起源问题，虽有联系但不尽相同。然而值得注意的是，张文也不同意性器说和占筮说，这一点可资参考。

"变"是周易的灵魂

前文说过，以阴阳二象为核心的八卦、六十四卦体系，冠以《易》名，实在是个名副其实的绝妙的创造。因为它一言中的，如画龙点睛一般，勾画出《易》体的灵魂——变。

《易》的灵魂何以在变？变性自何而来？这一点，需要从《易》体变性的根源说起。

对《易》体稍加分析，便会看出，它以八卦为基础的六十四卦体系，是由阴阳二象交迭演变而成。阴阳二象，乃《易》象体系赖以形成的"基因"。阴与阳是"一物两体"（张载《横渠易说·说卦传》），是对立面的统一体。一物而有两体，一个统一体而含两个对立面，便形成相反相成的状态，便成为运动变化的根源。所谓"一故神（两在故不测），两故化（推行于一）。两不立则一不可见，一不可见则两之用息"（同上）。

40

大意是，《易》一物内含两体（阴阳），阴阳莫测，故而称之为"神"。由于阴阳两体在一物中运行，所以发生变化。没有两体，便现不出一物，一物不现，则两体的作用也便消失。张载这段话讲的是《易》象中阴阳两体互为其根，互交互迭，从而发生变化的关系。亦即阴阳二气既统一又对立的运动，是宇宙万有变化的根源。这个观点符合事物发展的辩证规律。有了这个根源，则生者不能不生，化者不能不化。《易》既属于"一物两体"，以阴阳为基因，就不可避免地阳中有阴，阴中有阳，阳交阴，阴交阳，阳变阴，阴变阳，阳生阴，阴生阳，生生不已，变化无穷。

这一点，在易卦的象数上表现的十分简明。《乾》《坤》为对立统一体，象征天地，为《易》卦之蕴。《乾》象夬纯奇（阳），《坤》象姤纯偶（阴）。《乾》《坤》六位，都是三正，三不正，似乎不如人意，但倘若《乾》《坤》六位，都阳从奇数，阴从偶数，则卦象皆成为《既济》钽。如此，则《乾》《坤》消失，变化止息，唯余一失去矛盾与动力的呆体，与《易》象的本质完全相背。故而，《易》之变，实根于《乾》《坤》对立统一体爻位正与不正之争。无妨说，《易》之变即

始于爻位阴阳不正。由此可见，阴阳之互依互反，乃《易》变的内在根源。

《易》的变性源于天地的变性

探讨《易》之变性，除上述内在根源外，不能不追索它的客观根源。关于这一问题，孔子在《系辞》中反复作了明确深入的解说。他说："天尊地卑，《乾》《坤》定矣。卑高以陈，贵贱位矣。动静有常，刚柔断矣。方以类聚，物以群分，吉凶生矣。在天成象，在地成形，变化见矣。"（首章）

——"《易》与天地准，故能弥纶天地之道。仰以观于天文，俯以察于地理……"（四章）

——"夫《易》，广矣大矣……广大配天地，变通配四时，阴阳之义配日月，《易》简之善配至德。"（六章）

——"崇效天，卑地法。天地设位，而《易》行乎其中矣。"

——"……《易》者，象也。象也者，像也。"

　　孔子这些话，从总体上看，中心思想是表明《易》的创作以天地为本。观察天地万象的情况和变化，摹拟抽绎，而后画出卦象以及卦爻象的变化。诚如杨诚斋所说："……因彼之天地，定吾二卦为《乾》《坤》。因天地之卑高，列吾六位（爻位）之贵贱。因天地之动静，判吾九六之刚柔。因天地之间万物之聚散，生吾八卦之吉凶。因天地之示形象，见吾六十四卦之变化"（《诚斋易传》卷十七《系辞》）。确如上述，《易》的变性，即源于天地与万物的变性。天地万物以阴阳之道"生生不已"，变化无穷，《易》也以阴阳为根，刚柔相摩，千变万化，莫可究诘。《易》既以天地为本，则天地变易的本性，自然成为《易》的本质属性。大自然有混元之气，《易》则有太极之说；混元之气分而为天地，《易》则由太极生出两仪（阴阳）；大自然形成四季，《易》则由两仪生出四象（太阳、少阴、少阳、太阴）；四季分为八节，八节分为十二月，《易》则有六十四卦，等等（用司马光说，见《易原》卷五《系辞上》）。可见，从根本上说，大自然的运动变化，是《易》的变性的蓝本。《易》象体系内在的变化，并非《易》作者主观臆造的产物，而是客观世界的规律性在《易》作者创

造性思维当中合理的反映。

《易》的体系是在变化中形成的

《易》象体系的基因是阴阳二象。阴阳二象相交迭演变，排列组合，成为四象：太阳、少阴、少阳、太阴；四象再阴阳交迭，排列组合，而演变为八卦：乾、兑、离、震、巽、坎、艮、坤。

《易》象基础的八卦，就是如此阴阳交迭而演变形成。八卦进一步发展，排列组合，便形成六十四卦，其演变过程基本上是这样。孔子所谓"《易》有太极，是生两仪，两仪生四象，四象生八卦"（《系辞》十二章），即指此而言（《系辞》所谓八卦，往往含六十四卦）。

这是孔子在《系辞》里关于《易》象在阴阳交迭的演变中形成的第一个说法。孔子的第二个说法是，《乾》《坤》是作《易》者效法天地之象，如同天地能生成万物，《乾》《坤》也能生成其他《易》卦。六十四卦的体系，就是以《乾》《坤》为父母而在交迭演变

中形成的，故而孔子把《乾》《坤》称为"《易》之
蕴"。意为《乾》《坤》如同思想宝库，其中蕴藏着六
十二卦的宝物，经过《乾》阳《坤》阴的交迭演变而
开发出来。在同样意义上，孔子又称《乾》《坤》为
"《易》之门"，《乾》刚《坤》柔不断的相摩相荡，如
同左右两扇门，不停的"一阖一辟"（《系辞》十一章
）。经过这样的演变，整个六十四卦体系得以形成。

这是孔子在《系辞》中关于《易》体在演变中形
成的另一个说法。

这两个说法表面不同，实际上是一个观点的两种说
法，是从不同角度说明《易》体的根基及其演变形成的
过程。不过，这两个说法都只点明《易》体的根基及其
演变的结果，至于演变的具体情况，则语焉不详。《系
辞》只说《乾》《坤》为"易之蕴""易之门"，但对
六十二卦如何从《乾》《坤》的交迭变化中逐一形成，
却并未细述。仅在十翼之一的《说卦》中，孔子作了简
单的解答。

《说卦》是这样叙述的：

"《乾》，天也，故称乎父。《坤》，地也，故称乎
母。《震》一索而得男，故谓之长男。《巽》一索而得

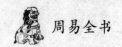

女，故谓之长女。《坎》再索而得男，故谓之中男。《离》再索而得女，故谓之中女。《艮》三索而得男，故谓之少男。《兑》三索而得女，故谓之少女。"

　　孔子在《说卦》中的这种说法，给《乾》《坤》为"易之蕴""易之门"之说法作了具体补充，为《乾》《坤》生六子的卦变学说，提供了文献根据。这种说法，属于《易》卦变的范畴。当然，这种卦变的理论，并不严谨。比如，《乾》《坤》相交为何一定要先生长男《震》，而不先生长女《巽》？如果说这是父系思想的合理表现，那是就它的社会根源而言，并非指它体系内部的原动力。所以，《乾》《坤》生六子以《震》为首之说，并非逻辑的必然展开，只是人造的义理模式。但大体上能够较为顺理成章地具体表明《乾》《坤》为《易》体父母的观点。到了宋代，苏轼和程颐继承此说，用来解释《易》体的生成。苏轼说："凡《易》之所谓刚柔往来相易者，皆本诸《乾》《坤》也。《乾》施一阳于《坤》，以化其一阴，而生三子。凡三子之卦，有言刚来者，明此《坤》也，而《乾》来化之。《坤》施一阴于《乾》，以化其一阳，而生三女。凡三女之卦，有言柔来者，明此本《乾》也，而《坤》来化之"

（《东坡易传》）。程颐说："卦之变，皆自《乾》《坤》""《乾》《坤》变而为六子"（程颐《易传》）。如此，《乾》《坤》生六子而演变为六十四卦的卦变学说，尽管在《易》学界未达成共识，却具有一定的权威性。此外，还有虞氏卦变、荀氏卦变、李氏卦变等学说。虞翻之说的要点是，《乾》《坤》二卦交迭，生出《复》《临》《泰》《大壮》《夬》《姤》《遁》《否》《观》《剥》十卦，连同《乾》《坤》二卦共十二卦，称为十二辟卦。其他五十二卦皆由此生出。荀爽之说则以《乾》《坤》生六子之论为基础，认为六子卦又生出八纯卦以外的五十六卦。李挺之卦变有二图：一曰"变卦反对图"，以为《象》传所言卦变皆以反对为义。二曰"六十四卦相生图"，以为《乾坤》为六十四卦大父母，《复》《姤》为六十四卦小父母。如此等等，《易》体生成的卦变之说，不一而足。何者为《易》六十四卦体系演变形成的脉胳与关系的正解，很难断定。但无论那种卦变学说，从起点到终点，都是以"变"的思想为中心，与孔子的易学观点若合符契。孔子在《系辞上》里给《易》作了界定，他说："生生之谓《易》"（五章）。意思是，一阴一阳，互相交迭，千变万化，无有穷尽。

郭雍解释说："自《易》而生《乾》《坤》，自《乾》《坤》生八卦，八卦生六十四卦，而后二篇之策当万物之数。所谓生生之谓《易》也"（《家传易说》）。他以"生生之谓易"的观点来阐述《易》体的演变形成，非常恰当。

上述情况说明，从《易》学的始祖孔子开始，在所有《易》学家思想中，"变"是《易》的本性，《易》体彻头彻尾是在"变"中演化形成的。

序变、数变、卦变、爻变及其他

周易的变性除表现于上述易名和易体形成以外，也表现于卦序系列的安排。上经始于《乾》《坤》，终于《坎》《离》凡三十卦。下经始于《咸》《恒》，终于《既济》《未济》凡三十四卦。总体六十四卦，从始至终，都以"二二相偶，非覆即变"（孔颖达《周易正义》）的方式排列。"二二相偶"，意为两卦配成一组，六十四其配成三十二组，一组一组地排成一个系列。构成一个有机联系的体系。"非覆即变"，是指三十二组卦序所依据的卦象或阴阳关系运动的方式。"覆",是说一组两卦的卦象在排列上互相颠倒。如《屯》与《蒙》为一组, 《屯》象为䷂,上水下雷。继之以《蒙》,《蒙》象为䷃,上山下水,是由《屯》象颠倒而成。亦即,《屯》象倒过来即成《蒙》象,依此方式排列卦序。"变"是表示一组两卦卦象的阴阳完全相反。如《坎》䷜与《离》䷝一先一后,卦象的阴阳完全相反。卦序系列中,《泰》䷊与《否》䷋、《随》䷐与《蛊》䷑、《渐》䷴与《归妹》䷵、《既济》䷾与《未济》䷿四组。既是"覆",又是"变"。《颐》䷚与《大过》䷛、《坎》与《离》、《中孚》䷼与《小过》䷽、《乾》与《坤》纯属于"变"。其余二十组均属于"覆"。以上《易》体序变,是以卦象及其阴阳关系的运动为演变的依据,可称为结构上的演进。与此同时,六十四卦配成的三十二组《易》卦,在形成序列的演进过程中,前后彼此之间,也有义理上的联系。《序卦》传就是从义理方面论述了六十四卦系列之间的联系,它是就传统卦序的排列顺序所做的阐述。另外,十翼之一的《杂卦》所讲,是另一个卦序。它大体是从"二二为偶"的各组卦之间正反意义的联系上对卦序作了阐述。如"《乾》

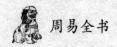

刚《坤》柔,《比》乐《师》忧。《临》《观》之义,或与或求。……《震》,起也;《艮》,止也。《损》《益》,盛衰之始也。……"云云,画龙点睛式地表明了卦序当中各组卦之间相反相成的义理联系。总之,在《易》体形成过程中,卦序是在"变"中所构成;是在结构之"变"与义理之"变"的交融中所构成,而且义理之变是"变"的灵魂。

这样,弥纶天人之道的周易的"变"性,在其序列中便有明显的表现。伴随卦象阴阳之变的展开,天人的义理之变跟踪展开。有的表现时代之变,如《屯》《蒙》之变。有的表现时运之变,如《泰》《否》之变。有的表现时势之变,如《剥》《复》之变。有的表现进退之变,如《遁》《大壮》之变。有的兼及数义,如《需》《讼》之变,既为争利之变,又为自我修养之变。从卦序系列的义理来看,仅以上经而论,从《乾》《坤》到《泰》《否》共十二卦为一节。其间经混蒙、开发、动乱之变而后达到安定兴旺、繁荣之变,经过《否》的逆转之变后,又进入《同人》《大有》《谦》《豫》《随》文明高潮之变,而后由《随》的随波逐流而堕入《蛊》的腐败之变。再经过《临》《观》的宣教访察之变，于是乎转入《噬嗑》，发生大动刑狱，扫除邪恶之变。疾雷骤雨之后，需要修整文饰，以调济世风，遂必有《贲》之变。《贲》极则反，继而邪侵正，入于邪盛正衰的《剥》之变。阴剥阳至极点，而阳不尽，于是乎阳复生，是为《复》之变，到此又十二卦，是为一节。如此治治乱乱，向前发展。卦序之变在逻辑上反映出它和历史之变的统一性，在历史哲学上给人以深刻的启示。

这一系列繁杂的时势、人事与伦理之变，在占卜类书中，只有周易才有。其他的，如《太玄经》《易林》《梅花术》《火珠林》等等，其主要变化只具有简单的占测意义，别无深奥的多层内涵。

周易的筮法也根植于变化，谓之数变。所谓"天数二十有五，地数三十，凡天地之数五十有五"。"四营而成易，十有八变而成卦"（《系辞上》九章），等等。其间，五十有五之数变产生七、八、九、六之数，如此再变而成爻，爻备而成卦。在筮法这一连串数变中，特别值得注意的是，周易之爻用九、六而不用七、八。"阳动而进，变七之九，阴动而退，变八之六"（《周易集解纂疏》引《乾凿度》语）。依筮法，九、六为老阳、老阴，七、八为少阳、少阴，老变少不变。据说，夏商之占用七、八，取不变之数。到文王演《易》，始用九、六之数，以变者为占。——是否如此，无从稽考。但"周易以变者为占，故称九称六"（《同书》引郑玄注），周易《乾》《坤》二卦于六爻之外，附有"用九""用六"各一条。表示："《乾》惟用'九'故能变，《坤》惟用'六'故能化。阳变阴化，以成六十四卦、三百八十四爻，此皆用九用六者为之也"（《同书》疏引刘注）。这足以证明，从筮数上考察，"变"也属于周易的本性。回过头来再想想夏商占用七、八转为周易占用九六之说，会从中领悟出一个重要的道理。即：真正的占卜植根于天命神谕，测知来事，必有定数。占无一定，何须用占？所以用七、八不变之数，完全合乎占卜定理。反之，周易之改以变为根本，则使用九、六变数，以反映人事之变，也是符合事理的。如此说来，以数之变求卦爻象之变，以卦爻象之变观卦爻辞之变，从观卦爻辞之变中悟事理之变，从而窥来事之几微，以为君子谋而为小人戒；周易以占筮为形，变性为本的教化性质，昭然若揭。

周易的卦变，可分为两种：一种是八卦及六十四卦形成之变，即《易》体形成之变。另一种是占筮时的卦象之变，即"本卦"变成"之卦"之变。如《左传·僖公十五年》载，晋献公嫁女于秦，问前途如何，筮遇《归妹》䷵（兑下震上）之《睽》䷥（兑下离上），《归妹》为本卦，上六（阴）变为上九（阳），成《睽》，是为之卦。本卦变出之卦，也属于卦变，也就是俗语所说的变卦。

其实，无论哪一种卦变，多数情况主要是源于爻变，变卦自不必说，卦变之中除卦序之变外，其他卦变归根结底大多来自卦爻的阴阳之变。无论是《乾》《坤》生六子说，《复》《姤》小父母说，或其他学说，都是如此。孔子《系辞》所谓"爻者，言乎变者也。"（上三章）王弼《明爻通变》所谓"爻以示变"，都指出爻的作用在于变。所谓卦变，不过是阴阳爻按一定变数互为消长所起的卦象的变化而已。

周易的卦爻之变，在一定意义上统而言之，有两个特点：一是形式的多样性，二是内容的广衍性。一个卦可以有多种变化，形成多种思想。举例来说，《损》的正面形象是稻山与泽的结合，山上泽下，主旨是损下益上，谓之《损》。这是《损》卦形式与内容的一个层面。其倒复形象变成《益》䷩，风与雷结合，风上雷下，主旨变成损上益下，谓之《益》。相对于《损》来讲，《益》是《损》的形式与内容的又一层面（看到正面的《损》应想到覆面的《益》）。可视为对立统一的两个层面。普通较高的思维是到此为止，踏步不前。但《易》变到此却并未停止，仍继续深入。除正覆两面外，《损》还有相错（一名旁通，即阴阳相反）之象，成为泽山的结合，是谓《咸》卦䷞。其主旨是阴阳交感而万物化生。对《损》来讲，可从中引出脱损求益之道：必感应人心而行，不可急躁勉强。这是《损》卦形式与内容蕴涵变化的第三个层面。同时，《益》也有错卦，是为《恒》卦䷟，由《震》与《巽》组成，主旨为做事要有恒心，从中也即可引出脱损求益之道在于要有恒心之理。这是《损》卦形式与内容蕴涵变化的第四个层面。如此，一损《卦》而蕴涵变化的四个层面，正可谓内涵深厚，变化多端。但其变化到此，仍未饱和，还蕴藏更多的模式。仍以《损》卦为例，卦象由山泽组成，上山下泽，下为内卦，上为外卦，一个六爻卦含有两个三爻卦，这是《损》卦的外型。如果进一步对这个外型进行再分析，便可以发现，内外两卦中还含有另外两卦。除了初、二、三、爻构成《泽》䷹，为内卦，四、五、上三爻构成《艮》䷳，为外卦以外，同时二、三、四爻还可以构成一个三爻卦《震》䷲，三、四、五爻又可再构成一个三爻卦《坤》䷁。合到一起，又组成《复》䷗卦。从中可引出损极必反，好自为之的思想。这种分析与综合的卦爻之变，叫作互卦，又叫互体。互体之中又有互体如包体、环互、伏互、兼互、连互等等花样很多，显示周易卦象与意义的多变性。有些学者认为互体不是周易的本义，只是汉代以后《易》学者的杜撰。这种看法表明，这些学者对周易内涵的深奥，包括象的多变性，体会不足。为什么从其它经书，甚至占卜类书中，不能引申出这么多形式与内容的变化，而只有易经才能如此？可见互体本来就是《易》象结构多重性与多变性的一种表现，毋庸置疑。所以有的《易》家认为互体也是《易》中之一义，是有道理的。如果《易》体的"基因"中无此"密码"，则互体之类便无从产生，无法被引申发挥。此外，更重要的是上述以《损》卦之变为例而生出的看问题的思维方法。对一个卦，可以从正面、覆面、错面、互面等四个侧面亦即从变化中去观察、体会、分析与综合，自然会得出更为深入而透

彻的认识，也才符合周易思维的本性。应该说，这是较之"一分为二"更为全面的立体的思维方式。看卦应如此，看事变自然也应如此。表面上说，这属于对占筮卦变的观察方法，实质上说，这却属于辩证逻辑的思维方法。这种思维方法不仅为一般浅层的占卜小术所无，便是普通的哲学和逻辑学也不具有。对此越深入探索，越感到周易的深奥，越深入研究，越感到其他占卜书的浮浅。

对周易的变易性质，孔子知之甚深。他有段名言："《易》之为书也，不可远，为道也屡迁，变动不居，周流六虚，上下无常，刚柔相易，不可为典要，唯变所适"（《系辞下》八章）。这段话一面揭示周易为道屡迁、变动不居的本性，一面又指出，学《易》用《易》的正确态度应该是："不可为典要，唯变所适"。意思是，学《易》用《易》（包括施政、立业、修身、齐家等），不可把它看成死规矩，必须采取随机应变的态度，灵活运用。这样，就在易经同其他典籍（包括占卜书类）之间，划出一条界限。举例来说，汉人扬雄所著的占筮书《太玄》，就不是唯变所适，而是作出了大量典要：排定三百五十四赞当昼，三百五十四赞当夜，昼吉夜凶，吉凶之中又自分轻重，等等。其无理无变的占断，读起来令人头痛。而周易则不然，有时阳爻居阳位而吉，有时阳爻居阳位而凶，阴爻亦复如此，吉凶不定，适时而变，与世事的千变万化，如出一辙。由此也可以看出，就其本性来说，周易是一部反映天人之间运动变化基本规律的地地道道的哲理书，占筮乃是其寓理的形式和用以出理的方法之一。

最后，还有一个重要问题必须交代明白，那就是："变"虽是《易》的本性，但本性并非单一地独自为政。它包含变与不变两个对立面，是"变"与"不变"的统一。这个"变"是在一阴一阳之为道这个不变的宇宙规律的基础上形成而运行的。前面说过，《易》有变易、不易等多重涵义。此处着重谈它的变义，未涉及其他。但变易与不易的对立统一关系，却应铭记在心，不能忽略。

推天道以明人事

有如上述，《易》由原始的阴阳二象，经四象、八卦、三画卦、六画卦，发展到六十四卦；加上文辞和筮法后，躯体已相当庞大。其中必有一个合理的序列，借以贯穿其内在的有机联系；没有这个序列，就不能形成一个思想体系或一个功能机体。《易》的序列，就是六十四卦的卦序。

但是《易》的六十四卦，不是只能形成一种序列。依据卦间内在关系的不同，可以形成多种不同性质的序列。哲学性质的序列和占卜性质的序列，是其中常见的基本的两大类。

周易的卦序十分鲜明地表现出它的哲学性质。

周易六十四卦次序的安排和安排的方式，完全符合孔子所说的"通神明之德，类万物之情""和顺于道德而理于义，穷理尽性至于命"的创作主旨，充分体现出推天道以明人事的功能。六十四卦分为上下两篇，上篇三十卦，下篇三十四卦。上篇始于《乾》《坤》，终于《坎》《离》，下篇始于《咸》《恒》，终于《既济》《未济》。其卦序的安排有如下两个特点：

第一、遵循一阴一阳之为道的宇宙大法，依据对立统一的原则，将六十四卦并为三十四对，再按照相反相成的条理，以非覆（综）即变（错）的反来复去的方式，安排卦象的演变，依据相因、相成、相反的关系安排卦义的次序。如《乾》《坤》、《坎》《离》、《泰》《否》、《损》《益》、《既济》《未济》等等，皆为相对的统一体。《乾》变《坤》，则象之阴阳和卦义之健顺，都转向反面。《屯》变《蒙》，则卦象翻复，卦义相因而进（物生必蒙）。《蒙》变《需》，则卦象上复，卦义相因而进（物稚不可不养）。《萃》变《升》，则卦象翻复，卦义相反而进（聚而上者谓之升），如此等等。大体上表现出象的运动与理的运动的统一。当然不可能也不应该表现为象理运动的绝对一致，因为那种绝对一致是人为的，违反阴阳之道变化无穷的性能。第二、依据天地造化和天人合一的原理安排上下经的卦序。以阴阳互变为经络，组成一个井然有序的蕴涵天地人三道的宏阔的范畴体系。其首尾与中部的有机联系，表现出历史的真实性与哲理的深奥性的统一。

对此，唐代《易》学家孔冲远引用《乾凿度》的

分析，说：

"案《乾凿度》云：'孔子曰：阳三阴四，位之正也。'故《易》卦六十四分为上下，而象阴阳也。夫阳道纯而奇，故上篇三十，所以象阳也。阴道不纯而偶，故下篇三十四，所以法阴也。《乾》《坤》者，阴阳之本始，万物之祖宗，故为上篇之始而尊之也。《离》为日，《坎》为月，日月之道，阴阳之经，所以始终万物，故以坎离为上篇之终也。《咸》《恒》者，男女之始，夫妇之道也。人道之兴，必由夫妇，所以奉承祖宗，为天地之祖，故为下篇之始而贵之也。《既济》《未济》为最终者，所以明戒慎而全王道也。"（《周易正义》）

关于易序的精义，王夫之有段名言，他说："……列《乾》《坤》于首，以奠其经，要《既济》《未济》于其终，以尽其纬，而浑沦无限、一实万变之理皆具，此周易之所以合天也。"（《周易外传》）

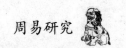

天地之前是什么

　　易序所蕴天人之道的构架，大体如此。但还有个要点，需要补充说明。一是周易的开端，耐人玩味，不可等闲视之。它不从《乾》卦开始，而从《乾》《坤》二卦开始，以体现阴阳相反相成而生万物（亦即衍生六十二卦）的变化性能，这一点前边已经详说，不必再赘。此外还有个疑问：为何从天地开始，而不从天地以前开始？这一点，古人也有解释。干宝说："天地之先，圣人弗论也，故其所法象，必自天地而还。"李道平疏曰"今《易》首《乾》《坤》，止取始于天地者，以天地之先，圣人弗论，其沦于玄虚也"（《周易集解纂疏》），的确如此，宇宙间人所能见的最巨大的物体是天地，万物由此而生。至于天地由何而生，无法知晓。对不知者，只好存而不论，"不求知所不知者，智也"（《春秋穀梁传》）。作《易》者安排卦序时，把《乾》（天）《坤》（地）放在开端，而不向前追求，就是这样一种重视现实的明智态度。倘若《易》作者是巫、觋之类的

神学家，说不定会在《乾》《坤》之前求其本始，以神
为祖，也未可知。二是，天地离不开水火，人间也离不
开水火，水火贯通于天地人之间，为生命的源泉。故而
周易上经始于天地，终于水火。天地之象"《乾》
《坤》"，为夬 姤（三阳三阴）完全相反，水火之象
"《坎》《离》"为趋 羡（《坎》为二阴一阳，《离》为
二阳一阴），也完全相反。以阴阳关系而言，周易上经
是始于阴阳之反，又终于阴阳之反。这个阴阳相反的水
火关系，一直持续到周易末尾。周易末尾为《既济》
《未济》。《既济》的意思是"已成"，《未济》的意思是
"未成"。《既济》的卦象是钽，表示阴阳相反的水与火
形成阴阳相成的关系（一阳与四阴、二阴与五阳、三阳
与六阴，相应相合），全名曰"《水火既济》"。《未济》
的卦象是群，表示水与火阴阳相反而不相应的关系，全
名曰"《火水未济》"。这一情况表明，周易始于阴阳相
反的乾坤而终于阴阳相反的而或应或否的水火。可见，
水火为天地的灵魂，也是人间的命脉。易经六十四卦经
过互卦的集约之后，只剩下《乾》《坤》《坎》《离》
《既济》《未济》四卦，表现出宇宙间天、地、水、火
的重要性。邵雍以《乾》《坤》《坎》《离》为先天八卦

的四正卦，正是这个意思。另一方面，更有启发意义的，是周易六十四卦的次序安排，生动地符合大自然的本质面目，深邃地蕴涵着哲学道理。还有一点，是上述《乾凿度》引文讲得不清之处。引文末尾说："《既济》《未济》为最终者，所以戒慎而全王道也。"这是从有助于政治修养上所作的解释，不够贴切。因为"《既济》《未济》"的范围极其广阔，包括天地人所有事物，不限于"戒慎"与"王道"。其实质涵义乃是遍指宇内一切所有事物运动、发展、变化的阶段性。《既济》为前事之成，《未济》为后事之始，终继之以始，始继之以终，终始相继，无穷无尽。这才是事物发展阶段性的真实面目，表现此种哲学的创作，才符合历史前进的辩证法。易序之始于"乾坤"，终于"既济未既"，其深刻的哲理性端在于此。这不是一般的哲理，而是已达到宇宙观的高度。对此，孔子的解释耐人寻味，他说："物不可穷也，故受之以《未济》终焉"（《序卦》）。说的很对；事物是不能找到尽头的，是不能停止不前的，那么，作易序的怎么办呢？最好的办法，就是以表示终继以始的卦作为周易的"尽头"。周易卦序的义蕴十分丰富，从中可发掘出各种各样的哲理。如王安石的《易

象论解》(《临川集》卷六十五)从中找出修身治国之道，杭辛斋的《卦象进化之序》(《学易笔谈》二集卷四)从中绎出人类社会进化的步骤，等等，以上所述，只是其荦荦大端。但即此亦足见，从卦序说，周易的基本性质也属于哲学著作，绝非士君子所鄙而流俗所轻的占卜数术所可比也。

六十四卦的占卜性序列
(不入经传的八宫卦序)

六十四卦的排列次序，从来就不是一个。《周礼·春官》记载，大卜掌三易之法，夏曰"连山"，始自《艮》卦，殷曰"归藏"，始自《坤》卦，周曰"周易"，首卦为《乾》卦。三者开端不同，内涵自然不同。整个序列也唯以相同。可见，六十四卦早就有至少三种不同的排列次序。可是，关于连山，归藏的具体情况，遗迹太少，其卦序的内容如何，对占筮有何作用，无从知晓。只有周易，可以明确看到，其整个卦序（不是卦变）只含哲理意义，并无占卜测事的性能。

表现占卜功能的六十四卦序，最具代表性的，是汉代《易》学占卜派的主要人物京房（君明）的八宫卦序。其内容是把六十四卦分为八宫，以《乾》《震》《坎》《艮》《坤》《巽》《离》《兑》八纯卦为统师，各统七卦，八宫共六十四卦，始于《乾》卦，终于《归妹》卦。其表如下。

乾宫八卦

乾夬姤蓏遁陃否跷观捯剥裍晋踦大有蘇

震宫八卦（以下卦象略。爻之阴阳变仿《乾》卦）

震、豫、解、恒、升、井、大过、随

坎宫八卦

坎、节、屯、既济、革、丰、明夷、师

艮宫八卦

艮、贲、大畜、损、睽、履、中孚、渐

坤宫八卦

坤、复、临、泰、大壮、夬、需、比

巽宫八卦

巽、小畜、家人、益、无妄、噬嗑、颐、蛊

离宫八卦

离、旅、鼎、未济、蒙、涣、讼、同人

兑宫八卦

兑、困、萃、咸、蹇、谦、小过、归妹

八宫卦序分宫的原则是依据《乾》《坤》相交分别生出震、坎、艮和巽、离、兑六子的学说。各宫首卦表示本宫各卦的性质，如《乾》宫表示天阳的健性，《坤》宫表示地阴的顺性，等等。各宫内其他七卦顺序推演的原则是阴阳递变。如上举乾宫那样，首卦是六爻全阳，二卦则是初爻变阴，成《姤卦》，三卦是二爻变阴，成《遁》卦，四卦是三爻变阴，成《否》卦，五卦是四爻变阴，成《观》卦，六卦是五爻变阴成《剥》卦，七卦则不能依此递变，否则变为全阴《坤》卦，性质就全变了。所以，七卦的爻便翻回来把四爻变为阳爻，造成《晋》卦。第八卦则将第七卦的下三爻都恢复首卦的阳性。《乾》宫卦序演变的情况如此，其他各宫的卦变与《乾》宫相同，可以类推，不必赘述。这是一个完全人为的卜筮性质的卦序。大约始于唐代的火珠林占法（即今尚在流行的文王课六爻占法），就是继承了京房易的八宫卦序。（据杭辛斋《学易笔谈》讲，"八宫之序或谓出于《连山》，《连山》为夏代占筮之书，或许八宫卦序来源于上古占卜之遗著。"）

下面，将《易》序与八宫序对比，概述其内涵

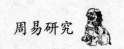

差异。

甲：周易卦序

（一）序列：

上经《乾》《坤》（天地）……《坎》《离》（水火）——下经《咸》《恒》（夫妇）……《既济》《未济》（终始）。

（二）涵义：

1 宇宙的缩影；天地为万物之本，水火为万物之需；夫妇为人世之本，终始为万物之节。

2 卦名对待，显示阴阳相反相成的宇宙规律。

3 是蕴涵哲学伦理学思想的宝库。

乙：八宫卦序

（一）序列：

将周易六十四卦序列按《乾》《坤》生六子之义，分为乾、震、坎、艮、坤、巽、离、兑八宫。每宫统率七卦。

（二）涵义：

1 按卦爻阴阳之变引起卦变的原则安排卦序，一定程度上反映事物运动变化的能行性、条理性和有序性。

2 把周易双双覆变的卦序，变成单一排列的卦序，

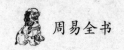

使周易丧失反映事物对立统一规律的性质，下降为抽象的人为公式的阴阳变化图。

3 始于乾（天）而终于归妹（嫁女），是适应阴阳爻变形式需要的产物，既脱离实际，又无义理可言。

4 为唐代创建的火珠林（文王课）占法提供基础，把蕴涵天人规律的巨作周易六十四卦序列，降低为验否不定的占卜未技的卦列，把周易卦序内涵的多重性，变为占卜卦序列的单一性。

由上述对比可见，八宫卦序之占卜性与周易卦序的哲理性相比，其高低不啻霄壤之差。以至"经学家素鄙为术数，而不入于经传"（杭辛斋《易楔·卦气第八》）。正如王夫之指出的那样，京房易是以"人为之巧""强于自然生物"，"天地间无有如此整齐者，唯人为所作，则有然耳"。（《周易外传》）

帛书《易》序的占卜性

此外，长沙马王堆三号汉墓出土的帛书周易，也和传世周易的卦序截然不同。其卦序（卦象略）如下：

1 键（乾）2 妇（否）3 掾（遁）4 礼（履）5 讼 6

同人 7 无孟（无妄）8 狗姤 9 根（艮）10 泰蓄（大畜）11 剥 12 损 13 蒙 14 繁（贲）15 颐 16 箇（蛊）17 赣（坎）18 襦（需）19 比 20 寒 21 节 22 既济 23 屯 24 井 25 辰（震）26 泰壮（大壮）27 余（豫）28 少过（小过）29 归妹 30 解 31 丰 32 恒 33 川（坤）34 奈（泰）35 嗛（谦）36 林（临）37 师 38 明夷 39 复 40 登（升）41 夺（兑）42 夬 43 卒（萃）44 钦（咸）45 困 46 勒（革）47 隋（随）48 泰过（大过）49 罗（离）50 大有 51 潜（晋）52 旅 53 乖（睽）54 未济 55 筮盍（噬嗑）56 鼎 57 筭（巽）58 少潜藙（小畜）59 观 60 渐 61 中复（中孚）62 涣 63 家人 64 益

　　帛书周易卦序所依据的原则是，把八卦按阴阳排列成乾、艮、坎、震、坤、兑、离、巽，依次作为上卦，再按乾、坤、艮、兑、离、震、巽的顺序轮流配合，作为下卦。这样，便凑成六十四卦的序列。显然，这又是另一种机械的数字组合。也和八宫卦序一样，人为地另行排列六十四卦卦序，以致排除了周易原有卦序的天地人三道的义理精蕴。

　　然则，帛书《易》序是怎么问世的呢？具体详情，无从臆测。但最大的可能恐怕仍和八宫卦序一样，是出于占卜的需要。这从其卦名用字与传世周易有不少出入一点，也可以看出。有人认为这是由于同音假借，恐怕不对。因为卦名是卦旨的标志，周易的象与义，和卦名有密切关系。卦名字义之变，不能不影响卦的内容。如"狗"代"姤"，以"婦"代"否"，以"箇"代"蛊"，以"夺"代"兑"，以"川"代"坤"等等，完全丧失了周易原卦的微旨奥义，显得粗俗不堪。由此可以想见，帛书周易安排卦序时，只管卦名字音，不管卦名字义，只要标示卦象的字音不差，便满足排列的需要。它是完全抛弃周易内涵而只玩弄象数形式的作法。在汉代来讲，这显然是占卜术片面发展所致。此外，据传宋代象数派易学大家邵雍所编写的通俗卦本《易数一撮金》，其中六十四卦卦序就与帛书周易基本相同。由此可见，帛书周易是秦汉之际占卜术士为了占筮之便而编制出来的。所以，它的非哲学性质，与今日市井寺庙的杂占，并无二致。

从上述两类卦序的对比中，可以明确地看出，仅就卦序一端来讲，周易的基本性质也是属于哲学，而不是属于一般的占卜。

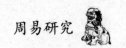

周易出自圣人之手

据孔子讲，周易兴起于殷末周初。所谓兴起，也许包含创作之意，主要是指给六十四卦和三百八十四爻系以文辞（卦名、卦辞、爻辞）和安排卦序。周易作成之前，八卦及六十四卦早已存在，夏之《连山》，殷之《归藏》都是如此。《连山》《归藏》二书既作为筮书通行了两个朝代，恐怕不会只有筮法、卦象而无相应的筮辞。据汉代思想家桓谭讲，《连山》为八万言，《归藏》为四千三百言（转引自杭辛斋之《愚一录易说序》）顾炎武《日知录》也提到这个问题。他举例说："左传僖……十六年战于鄢陵，公筮之，史曰吉。其卦遇《复》曰：'南国戚射其王，中厥目。'此皆不用周易，而别有引据之辞，即所谓三易之法也。"他据此判断，周易之前的筮书，或《连山》或《归藏》，已不止有卦，而且有辞，但别有文辞，与周易不同。周易的卦爻辞及其卦序，是殷末周初的作《易》者重新创作的，并不是继承故旧，连书名也是另起炉灶，而非袭用。

传统的说法，周易作者是周文王。不管这个说法对

不对，周易的作者必是才德出众的圣人，而非一般的大卜史官，则是没有疑问的。理由如下：

第一，虽然伏羲所画之卦，"寓有义理在内"（皮锡瑞《经学通论》），"《易》冒天下之道，羲皇之图尽之"（吴世尚《庄子解序》），但那毕竟只是一些图象，义理深蕴其中，若无大智大慧，便看不清，也挖不出，无从引申阐发，而创成体系完备的书。这一点，把周易同《连山》、《归藏》试作对比，便可看出。虽然三者号称"三易"，但后二者的内容似乎远比前者浅薄，除留下一些占卜的蛛丝马迹外，在周代就已式微。可以推想，原因大约在于它们的作者都是卜史之类沟通人神意志的人物，才疏学浅，不能彻底通晓六十四卦卦象体系的内蕴，未能做到如文王那样把它内蕴的义理阐发出来。而只在它的浅层面上下工夫，发掘和发展占卜功能，终于沦为数术，未能登上大雅之堂。

其次，周易作者（假定为文王）对传统的六十四卦体系，不仅阐发其固有的义理，而且有所加工，有所创新。最明显的是卦序，他把《归藏》开端的《坤》《乾》改为《乾》《坤》，一序之差，产生翻天覆地之变：由"亲亲"的殷道变为"尊尊"的周道，反映出社会关系的根本变革。怪不得韩宣子在鲁国见到《易象》和鲁《春秋》，不胜赞叹："吾今乃知周公之德与周之所以王也"（《左传昭公二年》）。竟把周革殷命的成功和《易》象（即周易）的功能联系起来。可见，文王创作周易，是在原有卦象的基础上进行改造，使它成为周王朝的国家哲学。

文王作周易的创造性，也表现在缀辞行文的原则性上。周易的文辞，从卦名到卦辞、爻辞，都经过精心的思考与安排。虽然外表上隐譬、寓言、铭语、诗歌、杂然并陈，又夹以占辞断语，有如百货店的杂货一般，但实质上却是文辞与情理象数融为一体，贯以统一的创作原则。总起来讲，这原则就是，推天道以明人事。具体说，就是贯彻阴阳变化之道，扶阳抑阴，扶正抑邪，心怀忧患，警戒世人，以度"衰世"。这种创作原则与思想感情，孔子有深切体会，他所谓"作《易》者其有忧患乎"（《系辞下》七章），"于稽其类，其衰世之意邪？"（《同上》六章）"是故，其辞危"（《同上》十一章），"其旨远，其辞文，其言曲而中，其事肆而隐"（《同上》六章）等等，表明他读周易时深深感到作者满怀忧患心情，以充满危机与曲折的文辞，表达出末世

周易全书

的艰难。孔子的体会正确地表现出周易作者的创作原则和思想感情。对孔子的话，韩康伯解释说："有忧患而后作《易》，世衰则失得弥彰。爻𧶜之辞，所以辨失得，故知衰世之意邪!?"（《系辞》韩注）解释得很恰当。由此可见，周易的创作（卦序与文辞），是有一定的原则和强烈的思想感情的，是有倾向性的，绝不是杂七杂八的文辞的凑合。

周易不是占辞大杂烩

但是李镜池先生经过多年研究后却认为，周易是周王朝卜史之官的编著，不是圣哲的独力创作。他说："这些掌握占卜的卜史，在占卜之后，把占辞记在策上藏起来，年底做一次总结，计算有多少灵验的，有多少不灵验的。……周易就是从这许多材料里选择出来，又经过分析和组织，编成这样一部占书。"（《周易探源》序）

这种观点，抹杀了周易天人之道的创作原则和忧世患俗的道德情操，把周易这部深蕴哲理，极具个性，以辩证思维观察宇宙人生的古代奇书，贬低为占卜记录的大杂烩，把具有超群智慧的周易作者，说成专事占卜的神职官吏，和上述孔子《系辞》的观点以及二千余年来几千家《易》学者的观点，大相径庭，完全是脱离作品实际的论断。仔细想想，生活于春秋时代的孔子，距离周易成书的年代总比后人较近，关于周易的传闻不能不知之甚详。从《系辞》来看，孔子对周易作者极为尊敬，对周易其书极为赞颂，而对于占筮，他认为只是圣人之道"辞、变、象、占"中最末的一端。孔子的所有言论中，没有一处表示周易是卜史占卜记录的汇编。

周易在汉代被古文经学家列为群经之首，在《书》《诗》《礼》《乐》《春秋》等儒家经典中，周易内蕴最深，最难解，超过老子《道德经》。有的学者认为，不但孔子儒家思想源于周易，老子的道家思想也源于周易。清代学者吴世尚就持这种观点。他在《庄子解·序》中说："易之妙，妙于象，……《老》（《老子》）之妙得于《易》，《庄》（《庄子》）之妙，得于《诗》，而大旨归于《老子》；则皆原本于《易》也。"

已故国学家钟泰先生说得更明白，他在《庄子发微·逍遥游第一》中说："庄子之言，多取象于《易》而取义于《老》。取义于《老》，人或知之，，取象于

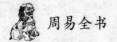

《易》，则知之鲜矣。……又当知，《庄》出于《易》，《老》亦出于《易》。若不明《易》，不能通《庄》，即亦不能通《老》。……故吾尝谓学者，不可不先明《易》，以此也。"

当代思想家南怀瑾先生，也在《易经杂说》中表示出类似的看法，这种看法是有理有据的。举例来说，儒家的尊君子抑小人的思想和中庸、谦、恒等思想，即源于周易的扶阳抑阴、中贞、谦退、恒久等思想。《老子》所谓"万物负阴而抱阳，冲气以为和"的思想，亦源于周易的阴阳之道。《庄子·逍遥游》的"北冥有鱼"，取象于周易的《中孚》卦，"化而为鸟"取象于周易的《小过》卦，等等。由此可见，周易这部在中国历史上出现最早的经典，的确够得上中国学术之流的源头。周易的作者，应是比老聃、庄周，甚至比孔子智慧更高的圣人，绝非巫觋之辈的卜史所能及其项背于万一。周易其书乃是以辨证思维熔天地人三道于一炉的哲理巨著，可为齐家治国、进德修业的指南。虽然，它同时也具有占筮的形式、内容和功能，但那仅是它的非本质层面，它绝非贞神问鬼的占卜末技之书所可伦比于万一。倘若依从朱熹、李镜池等的学说，那我们只好说，中国学术

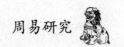

江河源头是卦书，开造源头的人是算卦先生，那岂不是理之所悖，史之所无，海大的痴语，天大的笑话吗！

关于周易与占筮的关系，其说不一。孔子只说易有圣人之道四：辞、变、象、占，未说明占在周易中占什么地位。以朱熹为代表的一些学者认为周易本来就是占筮之书。王弼、程颐等则把周易视为哲理书，不谈其占筮问题。《四库全书》总目提要的观点是《易》寓教于占筮，把占筮视为言道的形式，等等。那么，占筮与周易的关系究竟如何？怎样才是符合实际的？为了继续搞清周易的本性，有必要对《易》占作深入的观察与探索。

周易的两重性

周易是由辞、变、象、占所构成的巨大的范畴体系，从形式到内容，它蕴涵诸多层次，从全体上大略划分，可分为人谋层次和鬼谋层次。周易的体系是这两个层次的统一，这就是周易的两重性，两重性是周易的最大特点。

但是这个两重性的特点并不是周易的优点，而是它

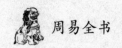
的弱点。这个弱点的根源在于，在此二重性相反相成的关系中，横亘着不可调和的性质矛盾。具体说，人谋的义理（哲理、伦理）属于必然性的理性结晶，鬼谋的占筮则属于偶然性的灵感反应，性质根本不同。同时，人谋的义理是经验的总结，有确实可靠性的指导性，已为历史所证实。而鬼谋的占筮，则属于"感而遂通"的巫术，只有概率性和机运性，而无准确的可靠性和指导性，也已为历史所证实。这是水火不相容的两种东西。这两种不相容的东西，虽然有其相成的一面，但若想把它们溶于一炉，不论采取何种方式，总是免不了难以溶合的矛盾与斗争。不过，历史的发展是辩证的，周易正是借这种以占筮外貌蕴涵义理的弱点躲过了秦火而得以流传下来，弱点反而变成了"优点"，发人深省。

在周易中义理与占筮有相辅相成的关系，——尽管这种关系是勉强的，不自然的。首先，周易既可用于说理，又可用于占筮，这是相辅相成关系的主要表现。其次，占卜断卦要凭借义理。例如：《国语·晋语》记载，春秋时期秦穆公欲出兵援助晋公子重耳返国主政。有人为重耳占筮，卜问前景，得了《泰》卦。占者认为吉利，理由是："是谓天地配。'亨，小往大来。'今及之矣。"意思是说，《泰》卦象是《坤》地在上，《乾》天在下。地气下降，天气上升，天地互相配合。卦辞所谓"小往而大来"，是说《坤》阴上去而《乾》阳下来，这是上下相交，万象亨通的形势，问卜者赶上了这个好局面。筮者是这样依据卦象和卦辞所涵的义理，作出了吉利的占断。这种场合，象辞是前提，占语是结论。理与占是相辅相成的，无占则理无所归，无理则占无所据。

但是，占与理的相成，往往牵强附会，勉为其难。如《左传·昭公七年》记载，卫襄公逝世后，大夫孔成子对立元为君还是立絷为君，难以决定。于是筮问周易，遇到《屯》之《比》卦（《屯》初爻由阳变阴，成《比》）。《比》卦的卦辞为"吉，原筮：元（亨），永贞无咎。……"左传有亨字，今无本）。占者看见爻辞有元亨二字，认为元指卫公子元，亨是享（谈亨为享），便断定公子元应享有卫国，说："元亨，又何疑焉?!"如此仅据爻辞与人名的偶合和亨享二字的貌似，便硬行作出占断，可谓极尽牵强附会之能事。这种作法并不符合周易以理占断的精神，不但不是占理相辅相成的表现，而且是占理相离相悖的表现。占卜的大多数属于这

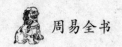

一类。越是低级的占卜，越是如此。实际上，这一类占筮，表面上象是讲理，骨子里已与道理无关，只是单纯的占术而已。邵康节说得好："天下之数出于理，远乎理，则入于术。世人以数而入术，故失于理也"（《观物外篇》）。的确，就实质来说，与理相离相悖之占术，不属于周易的范畴，而属于巫术中的小道末技。

如上所述，由于性质不同，周易的理与占之间虽也有相辅相成的时候，但多数场合是相离相悖的。双方的分歧、矛盾、斗争乃至分裂，是根本的、经常的、起决定作用的。除了上述例子外，还有一些相关的历史资料，可以说明这一点。

（一），《左传》《国语》里，周易用于占筮的，共计十四条，用于论证事物的，共计六条。其中除《左传·昭公二十九年》史墨引用《乾》《坤》两卦爻辞证明龙的存在，并无人事意义外，他如《左传·宣公十二年》记载，晋国知庄子引用周易《师》之《临》的爻辞和卦象，据以推论彘子违反军纪，军队散漫，征战难行而必陷于败局。《左传·昭公元年》记载，医和引用周易《蛊》卦名和卦象来解释晋侯精神昏乱的"蛊疾"。《左传·襄公二十八年》郑国的游吉引用周易

《复》之《颐》(《复》上六变而为《颐》)爻辞"迷复，凶"，据其理而论断楚康王不修政德、骄横贪狠，必遭凶险。《左传·昭公三十二年》记载，史墨依据周易《大壮》雷在天上的卦象，论证君臣易位乃自然的规律，如此等等。这种作法表明，大约成于殷周之际的周易流传到春秋时期，在其占与理的矛盾斗争中，双方本性的差异，已由分歧形成分离，义理已在一定情况下把占筮排除，而成为周易的主人。义理与占筮同居而以义理为主，人谋与鬼谋并用而以人谋为重的周易两重性，这时已发展到一定弃占筮而讲义理，用人谋而废鬼谋的地步，成为一重性的指导人事的哲理书了。

(二)，《左传·僖公十五年》记载，晋献公嫁女伯姬于秦国时，曾以周易筮得《归妹》之《睽》卦，史苏断为不吉。惠公继位为秦所俘，遂归咎于献公，认为："先君若从史苏之占，或不及此夫。"对此，韩简论说："龟，象也。筮，数也。物生而后有象，象而后有滋，滋而后有数。先君之败德，及可数乎？史苏是占，勿从何益？《诗》曰："下民之孽。匪降自天，噂沓背憎，职竟由人。"大意是，人的灾祸，并非来自上天，而是自作自受，献公的无德，召致如此恶果，占卜不起

什么作用。

显然，这是用伦理道德的因果关系来解释人的命运，把占卜置于无用之地。就周易的两重性矛盾来说，这表明理胜于占，人谋排除了鬼谋。

（三），《左传·襄公九年》记载，鲁成公的母亲穆姜与大夫叔孙侨如私通，欲废成公。举事未成，穆姜被迁于东宫。初迁之际，她曾用周易占问，遇到《艮》之《随》卦。史官依据"《随》，无故也"（见《杂卦》）的卦义，认为"君必速出"（很快迁出，恢复原地），为吉利。但穆姜却信理不信占，有自知之明，知道自己作了坏事，必受恶果，与《随》卦意义不合，吉占不切实际，无济于事。她说："是于周易曰：'《随》，元、亨、利、贞，无咎'。元，体之长也；亨，嘉之会也；利，义之和也；贞，事之干也。体仁足以长人，嘉德足以合礼，利物足以和义，贞固足以干事。然故不可诬也，是以虽《随》无咎。今我妇人而与于乱，固在下位，而有不仁，不可谓'元'，不靖国家，不可谓'亨'，作而害身，不可谓'利'，弃位而姣，不可谓'贞'。有四德者，《随》而无咎。我皆无之。岂《随》也哉！我则取恶，能无咎乎！必死于此，弗得出矣。"

穆姜认为恶行而得吉占，与《随》卦义理相悖，故而言自己必食恶果，绝不会恢复原位。史实证明，她的解释和推理胜过了占断。

这段史实首先表明，占筮之所谓"神以知来"的"来"，可靠的只是知来卦的占辞而已，不一定知来事的实情，占验于否，并不可靠。其次，它表明周易以义理为主，其义理（元亨利贞之类）是建立在道德规范之上的，违背道德的恶事，虽占得吉，也因不合义理而无效。"占"的验否，要看是否合"理"。占应服从于理，而不是理受占的支配。第三，它表明占与理之间有不可调和的对抗性。如同英国人类学家罗伯特·路威所说："……那些超自然的力量的行动，全不顾及道德原理，在科学方面瞧不起它，因为它蔑视我们的因果观念"（《文明与野蛮》）。在这里，穆姜所依从的道德原理，战胜了超自然力量的占筮。第四，它透露出类似"未占有孚"的思想，亦即恶有恶报，望之可信，无需占卜，占卜多余。第五，穆姜把"元亨利贞"作为四德加以界定，完全是排除《易》占而就《易》理所作的解释。客观上说，这等于把周易视为伦理典籍，而不视为占书。因为如把"元亨利贞"作两句看，意思就变成

"大通，利于守正（或利于占问），"便成为占断的卦辞。而看成包含四个并列概念的一句时，就变成穆姜所说的伦理大道。这一点很要紧，它是周易划为哲学还是占书的分水岭之一。主张周易为占书的都把它断为两句，而孔子却在穆姜之后把它视为一句，解作四德。孔子是否从穆姜的话中得到启发而为此，无从查考，但穆姜的为人、身分和智力，不可能作出如此深刻的体会，恐怕是袭用当时的传统观点或流行解释。不管怎样，由此总可以看出，在孔子心目中周易主要一部哲学性质的书。

（四），《左传·昭公十二年》记载，鲁国大夫南蒯将谋反，投降齐国。以周易占筮，遇到《坤》之《比》。《坤》五爻动，变为《比》。五爻辞为"黄裳，元吉。"南蒯以为是大吉之占，便告诉子服惠伯，并说依此卦兆看，打算开始行动，征求惠伯的意见。

惠伯答复说："吾尝学于此矣。忠信之事则则可，不然必败。外疆（强）内温，忠也。和以率真，信也。故曰：'黄裳元吉'。黄，中之色也；裳，下之饰也；元，善之长也。中不忠，不得其色；下不共（恭），不得其饰；事不善，不得其极（终）。外内倡和为忠，率

事以信为共，供养三德为善。非此三者，弗当。且夫
《易》不可以占险。将何也？且可饰乎？中美能黄，上
美为元，下美则裳，参成可筮。犹有阙也。筮虽知，
未也。"

惠伯这段话的主要思想是劝阻南蒯谋为不轨。大意
是，我学过周易，知道它用来占问忠信的善事是可以
的，不然必败。'黄裳'是美的象征，'元'是善之最，
只有符合'黄、裳、元'三者的好事，才可求占。这方
面有阙欠，筮辞虽吉也不顶事。惠伯这段话对'黄裳，
元吉'的解释，虽然不无牵强之嫌，但中心论点却是明
确的，就是周易占善不占险。占问恶事必败，断辞吉也
无效。这鲜明地表现出周易以义理（中、贞）为根本的
原则性和以道德为标准的占筮观。汉人贾谊说："《易》
者，察人之精德之理与弗（不），循而占其吉凶。故曰：
《易》者此之占者也"（《新书·道德说》）。这段话揭示
出道德原则是周易占卜吉凶的依据。

综合上述四例，可以得出如下结论。

第一：从殷周之际成书，到春秋时期为止，流传了
几百年的周易，其内在的义理与占筮的对抗性矛盾，已
经突出地显现出来：从义理胜于占筮、控制占筮，进而

走上排除占筮的道路。后来的孔子重视《易》理而慎于《易》占，破天荒地有系统地把周易推上哲学伦理学的轨道，当然不完全是独出心裁。除了周易本身义理内涵的作用以外，上述三例那种理胜于占的传统思想，恐怕也有一定影响。

其次，上述三例，如单从占筮作用的角度来看，自然可归结为占筮的不验或为不验辩护。但从周易两重性的高度来看，这三例也可以说是周易本性的表现。扶阳抑阴，为君子谋，不为小人谋，这是周易的本质属性。这种属性既存在于周易的义理内涵之中，也表现于周易的占筮作用之上。所谓儒家的道德占筮观，不过是周易这种义理为主的本性在占筮上的表现而已。所以，儒家的占筮观实质上就是周易本身的占筮观，如斯而已。

再有，细看上述三例的理胜于占，可以悟到，周易的理与占的对抗性矛盾斗争的前途，必然发展为分道扬镳。因此，《易》学在发展的道路上从汉代起逐渐分裂，产生以占筮为主的象数派，和以内涵为主的义理派，各自从相反的角度对周易进行解释、阐述和推进，各自作出性质不同的成果。这种学派产生的根源，就在于周易本身理占两重性的不可调和的矛盾。由此观之，周易由

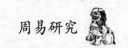

原来不与《诗》《书》《礼》《乐》同列于学校而进展到六经之首，成为封建王朝的国家哲学，虽有外在因素的作用，但本质上仍是其内在两重性的斗争中理胜于占的必然结果。

《易》占的两重性

提起占字，人们立即想到占卜。这是对的，合乎占字的本义。《尔雅·释言》疏谓占字为："视兆以知吉凶也。"意为审视龟甲灼裂的纹兆，推以测知未来的吉凶。也就是说，盛行于殷商时代的龟卜活动，原来谓之占。周易采用蓍卜后，仍袭用旧称，也谓之占。龟占的过程分为灼甲、观兆、占断三阶段，统称之曰"卜"。筮占的过程也由揲蓍求卦、观象玩辞、占断吉凶三阶段组成，统称之曰"占"。周易《革》卦九五爻辞所谓"大人虎变，未占有孚"中的占，就是指此而言。

但《易大传》中的四个占字，却不完全是这种卜筮的意思。孔子所说："……君子所居而安者《易》之序也。所乐而玩者，爻之辞也。是故，君子居则观其象而玩其辞，动则观其变而玩其占。是以自天佑之，吉无不

利"（《系辞上》三章）。一般大都按"以卜筮者尚其
占"的占义加以解释，实际上并不恰当。这个占字，并
不是占的本义，不是卜筮的意思。这一点张载早已在
《横渠易说·系辞上》中对孔子这段话作注释时提出了
异议。他说："占非占筮之谓。但事在外可以占验也。
观乎事变斯可以占矣。"第一句是结论，二三句是理由
的论述。为什么他一反旧解，断言孔子所谓"动则观其
变而玩其占"的占不是指占筮说的呢?① 二三句的论
述，又是什么意思呢? 为了弄清这一问题，需要回过头
来对孔子的原话的涵义作深入的玩味与探究。因为张载
的论断，来自对孔子原话的体会，双方的意念是息息相
关的。下面对孔子原话试作剖析与阐释。

　　孔子原话是由六句组成的复合句。头两句的意思
是，君子不时潜心探究的是周易卦序爻序蕴涵的阴阳消
长的法则，乐于玩味的是卦爻的文辞。第三句是说。因
此君子平时独处时，就观察周易的卦象并玩味其文辞。
第四句的"动"，是和第三句的"居"相对而言，居是

---

　　① 按张载一般地并不否定占字的卜筮本义，也不否定其
占验效能。这一点，和孔子相似，此处的异议是针对特殊的问
题。

指静处，动是指行动。意思是。行动时便观察卦爻的变化，而玩味其爻辞的占断，捕捉其行止进退之几，以趋吉避凶。结句是说，故此，能够遵循天道行事①而得到佑助，获得吉无不利的效果。这五句话，简明扼要地表达了孔子对周易学以致用的基本方法与基本观点。同时从这个侧面也反映出周易辞、变、象、占的重要性及其功能。首先是关于序的概念。所谓序，就是"事理当然之次第。"　（朱熹《周易本义》）从上经《乾》《坤》——《泰》《否》——《坎》《离》，到下经《咸》《恒》——《损》《益》——《既济》《未济》这样一系列天人之道的演变序列，从《复》《临》《泰》《大壮》《夬》到《乾》《姤》《遁》《观》《剥》《坤》，这样阴阳消长的卦变之序，就是周易的卦序。"居而安"，是说平时潜心埋头于《易》序的钻研，就能体会到宇宙人间的架构及其演变的规律和人世正邪二气盈虚变易、极而必反的法则，从而"利用安身"（《系辞下》）五章）进德修业。序，也包括爻序在内。平时居

_____

① 在《系辞上》十二章中孔子说："佑者助也，天之所助者，顺也。"

处，仔细观察卦内各爻之序，身临其境，也可以得到启发。正如《周易正义》所说，"若居在《乾》之初九，而安在'勿用'。若居在《乾》九三，而安在'乾乾'，是以所居而安者，由观《易》之位次序也。"

总之，设身处地察看卦情爻序，便可悟出"进退存亡而不失其正"（《乾》文言）的行动之计。同时，卦序爻序又是与卦辞爻辞紧密结合的，观序必玩辞，才能获得相应的效果。而辞义深奥隽永，细细玩味，其乐无穷，故曰："所乐而玩者爻之辞也。"若据程颐的说法，辞为《易》的关键。他说："吉凶消长之理，进退存亡之道，备于辞，推辞考卦，可以知变，象与占在其中矣。"（《遗书》二十五）

但是，《易》序《易》辞皆源于象，象为《易》的本体，是《易》的义蕴宝库，故而观序玩辞的同时，还要观象玩辞，才能体会其中的精义。例如，不懂得天夬火羡象上下合成的象义，就不能明白《同人》这一卦名的涵义。不懂得《坤》姤象的性质及其初六爻象的地位，就不会真正理解"履霜坚冰至"这一爻辞的本义和诫义，等等。所以必须通过观象玩辞，才会领悟易理的真谛。

以上所述是关于潜心学《易》的方法与效果。从中也反映出《易》象、《易》序、《易》辞三者所组成的周易这个巨大的哲学体系，对人们进德、修业、安身、解疑具有重大的指导意义。但这是指平居静处时而言，而在"有所兴为"（司马光《易说·系辞上》）时，又当如何从周易中找到趋吉避凶的途径呢？孔子认为必须"观其象而玩其占。"对这句话，一般的解释向来都是说，若要有所作为而找不到合适的办法或不晓得结果的吉凶时，便可向周易问上一卦，观察其卦爻的变化并玩味其占辞（包括爻辞），便可以如愿以偿。例如虞翻说："谓观爻动也，'以动者尚其变，''占事知来'故玩其占。朱熹所谓"占，谓所值吉凶之决也"（《周易本义》）。正是指卜筮所得卦爻辞的占断而言，有了吉凶悔吝的占断，或有了表示这些倾向的爻辞，便可从中发现行动的指南。这是传统的理解，和上述张载之说，大相径庭。张氏断言："此非卜筮之谓也"，从根本上驳斥了一般的说法。接着，他解释自己的观点说："但事在外，可以占验矣。观乎事变，斯可以占矣。"指观察客观事物（事在外）的变动情况，作为占的前提，这就给占赋予了新的意义。虽然，他没有具体说明这个观察事变而

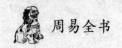

可占并可占验的"占",究竟是指什么说的,但从"观爻动"之变转为"观乎事变",其间便产生性质的差异。前者显然是占卜性质,后者呢?张载没明说,但话里言外,它是意味着:依据周易所提供的宇宙人间的规律,观察事变的具体情况,结合本身的条件,然后从相应的卦情爻辞中找出适宜的行动指导方针。以今语来阐释,大体就是这个意思。如果张载在这里所说的占,含有这样的意思,那它便和占筮之占貌同而神异,不是一回事了。因为它以事理占,而不以筮数占。就是说,它不经揲蓍求卦,而以实情取卦,观乎事变与卦爻之变,从中悟出行止进退之策。所谓"动则观其变",并不一定是占筮得卦后观其动爻之变,而是直接依据《易》理与实情,就相应的卦情,观其爻变而玩其占辞。周易的占辞,义理深厚,卜筮时可玩,居处时也可玩。如果把孔子的原话,从安序、玩象、观辞到玩占,全面综合,细细思绎,便能体会到这里只有理性思维的"人谋",并没有"感而遂通"(《系辞上》十章)的"鬼谋"。由此观之,张载所说的"占非占筮之谓"云云,可能符合孔子原话的本意。所谓"玩其占",恐怕仅指玩味《易》卦的占辞,而非指筮得的占断。清代象数派易学家李道平认为穆姜以《艮》之《随》的《随》卦象辞，联系本身事态占测未来，是所谓"自占"（《周易集解纂疏·易筮遗占》注疏）。实际上这种自占，虽也结合卦辞，但其内容纯粹是依据事理对本身恶行后果的推断。如果说它也算一种"占"的话，也只能说属于《易》的"理占"范畴，而不能说它属于《易》占的"筮占"范畴。就是说，它不是真正的占卜性质，在《易》占的两重性中，它可以算是一种"不占之占"。

关于这种不经揲蓍的观象玩辞之占，宋代易学家程大昌有过精僻的论述，他说："曰君子观其象而玩其辞，动则观其变而玩其占。象在占前，则得其辞而玩之者，常以仁义为准则也。当于仁义则举，不当则不举，此为深得刚柔节适之妙也。若然者，设使性命大谬，虽不逢吉，亦常无咎也。公冶长'邦有道不废，邦无道不戮'，其祸福之制也，在己而不在人也。则夫玩占于既动之后，以较玩辞于未动之先者。其贤否智愚，相去远矣。此卦筮之微旨也。"（《易原·二十六·春秋时取卦不以占》）

这段话道破了周易象辞的"微旨"和孔子观象玩辞的奥义，非常深刻。

　　但是，许多《易》学家对孔子的话却承袭旧解，认为是指占法而言。朱熹之外，来之德也是其中之一。但他的注释却不那么简陋，他一方面说"辞因象而系，占因变而决，静而未卜筮时，《易》之所有者，象与辞也。动而方卜筮时，《易》之所有者，变与占也"（《易经集注·系辞上传》）。仍把此处的占解释为占卜之占。但另一方面接下去又说："《易》之道，一阴一阳，即天道也。如此观玩，则所趋皆吉，所避皆凶，静与天俱，动与天游，冥冥之中，若或助之矣。故曰自天佑之，吉无不利。"这段话的主要观点是说，把握周易一阴一阳之道，即可趋吉避凶。从这个观点推论，则《易》道可以知来，占筮却未必知来，占筮只是《易》的外貌和功用之一，属于术数，其本身并不蕴有《易》的内涵。精于占筮者，如巫史之辈，未必深通《易》理，而通过潜心学《易》，观序玩辞、观象玩占而把握《易》道精髓的人，应该能做到不占筮而"占事知来"（《系辞下》十二章），也就是在"知以藏往"的基础上"神以知来"（《系辞上》十一章），这样分析的结果，来氏的话又反过来否定了占筮为知来的必要条件。来氏话的后半部，可以说是对孔子原话本义的必要阐述。

这样看来，在孔子的《易》学思想中，周易的"占"不一定是卜筮的占，也可以是推理的占。既可以"占"筮以知来，也可以"占"理以知来。这样看来，孔子所说的"占事知来"似乎也和卜筮之占，有所不同。

单从字面上看，"占事知来"也许应解释为占筮以知来，但如果联系上文，细加琢磨，便觉得未必尽然。上文是："夫《乾》，天下之至健也，德行恒易以知险。夫《坤》，天下之至顺也，德行恒简以知阻。能悦诸心，能研诸侯之虑，定天下之吉凶，成天下之亹亹者（句中"侯之"二字为衍文）大意是：《乾》卦表现天理最为刚健的精神，其德行是永恒平易而知道险难。《坤》卦表现天下最为柔顺的精神，其德行是永恒简易而知道阻难。这种易而知险、简而知阻的德行，学习起来能使人心情愉快，能研磨人的思维，若把握其中的道理，便可据以判定天下万事万物的吉凶得失，成就天下奋发向上的功业。简言之，这段话主要是说，如能把握《乾》《坤》所代表的《易》理阴阳相成、刚柔相济的精神，便可判定吉凶，成就大业。这个观点是下文的前提，下文"是故，变化云为，吉事有祥，象事知器，占事知来"是结论。这个结论，是由这个前提推出来的。结论的意思不能超出前提，既然前提所说全属《易》理、人谋，并非占筮、鬼谋，则结论也应如此。凭《易》理已能"判天下之吉凶"，那么又何需赘以占筮呢？故此，作为结论，"是故。变化云为，吉事有祥，象事知器，占事知来"，应译为：因此，事情的变化、人们的言行，无论吉凶，都有朕兆（"祥"是先兆之意）。观察事物的现象，便可知其形成的来由；推测事情，便可知其将来的情况。其中，占事知来的"占"，即"非占筮之谓"，是依据前提所说的足以判定一切吉凶的《易》理而作出推测之意，和前述"观变玩占的"占"，其推理测事之意是一致的，只是前者是反映占辞而测事，此处则未明及《易》辞而已。这一点来之德的解说很好，他说："圣人则神以知来，即其易简之理，而知其未然之来。此谓圣人未占筮而知险知阻也"（《易经集注》）。朱熹虽认为《易》是占书，但也承认深通《易》理的圣人"有事则神知之，随感而应，所谓无卜筮而知吉凶也"（《周易本义·系辞上》十二章注）。孔子的推理知来，正是如此。

在人类进入文明社会以后，在预测行为当中，据理测事总是占主流地位。正常情况下，占卜测事总是处于从属的参考地位，尽管如此，由于主客观矛盾的种种限制，占卜活动却始终没有退出历史舞台。如前所述，孔子对《易》占的态度，如同对鬼神的态度一样，并不明朗，给人以一种若有若无的感受。这里有种种原故，但历史局限性的具体反映，当然也是原故之一。在《系辞》中，孔子虽然一方面说："以卜筮者尚其占"肯定占筮为《易》道之一，并颂扬其功能为"极数知来"，为天下之"至精""至变""至神"（《系辞上》十章），以专章介绍其筮法，但说来说去却不涉及占验的实例。与此同时，另一方面又以更多篇幅、更重言辞赞颂周易辞、变、象所蕴涵的天人之道，把掌握《易》理中"知几"——知"动之微、吉（凶）之先见"的能力，颂之为"神"（《系辞下》五章），从而使"神以知来"的占筮之"神"，变成"彰往察来"的理性之神，变成在"智以藏往"基础上"知来"的推理之神。亦即扬诚斋所谓"圣人穷极天下之理而得其深，研究天下之微而得其几，聚于一心之精而谓之神"（《诚斋易传·系辞》）。这样，孔子既讲"动则观其变而玩其占，"君子见几而作，不俟终日"（《系辞下》五章），又说"君子

将有为也，问焉而以言"（《系辞上》十章），把推理测事和占卜测事都作为知来的手段而并用。这并非一般的逻辑矛盾，而是当时传统思想的反映。《尚书》洪范篇说："谋及乃心，谋及卿士，谋及庶人，谋及卜筮"，孔子大约承袭了这种思想，形成所谓"人谋鬼谋，百姓与能"（《系辞下》末章）的观点，从而对推理知来和卜知来，一并予以肯定。可见。孔子口中"占事知来"的占并不是一重性的，而是两重性的，可谓卜筮之"占"与推理之"占"的混合体。

话虽如此，在正史上孔子生平并无卜筮之占的实录，只有推理之占的记载。《论语》记载，子张问："十世可知也？。"孔子说："殷因于夏礼，所损益可知也，周因于殷礼，所损益可知也。其或继周者虽百世可知也"（《为政》）。孔子这种据旧制变革历史以推知后代礼制的推论预测，便是观变而玩占知来的一个实际的注脚。

经过长期观象玩辞、观变玩占而精于《易》理之后，自然能作到不用占卜而神以知来。古往今来，许多例子足以为证。

对这个问题，程大昌也曾在《春秋时取卦不以占》

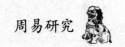

一文中，通过古例作了论述。他说：

"春秋之世，有得《易》意者，不待致筮求卦，而遂以己意说卦，至其事吉否，率皆如言，则直伏理为筮焉耳。子太叔知楚子之将死也，意取《复》《颐》二繇而知之也。医和推《蛊》以言晋疾也，亦非筮而得之也。知庄子之举《师》《临》以言晋军也，史墨子以《大壮》而言鲁难也，卦非出于筮，而事情曲中。则仁义当否，固可以回转阴阳也。是理也，圣人则既以明言之矣，而人不察也。"（《易原》）

他举出《左传》中的一些不经揲蓍求卦，只据《易》象辞所含义理，结合事态，析绎占算，推断吉凶的用《易》之例，进行分析，从而作出"不占之占"古已有之的结论。

为节省篇幅，其所举古例，不能一一详述，下面，仅就其中二例，略加说明。

（一）《左传·昭公元年》

"晋侯求医于秦。……医和视之曰：'疾不可为也，是为近女室，疾如蛊。'……'淫溺惑乱之所生也。于文，皿虫为蛊，谷之飞为亦为蛊。在《周易》女惑男，风落山，谓之蛊庚，皆同物也。"

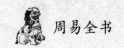

这段文字是说，医和为晋侯诊病。他认为病人好色过度，精神昏乱，已不可救治。病情如同食器里或谷物里生了虫子，谓之"蛊"。然后他以周易《蛊》卦的卦象进行占测，说周易的卦象表明，这是女人（姤为女之象）迷惑男人（夬为男之象）之象，也是风吹倒山木之象，此之为《蛊》。

这是医和运用周易卦名卦象对病人的后果进行占（推）测的事例。

（二）《左传·宣公六年》

"郑公子曼满与王子伯廖语欲为卿。伯廖告人曰：'无德而食，其在周易《丰》䷶之《离》羑弗过之矣。"

这是伯廖对曼满妄想为卿的占测。他说无德而居高位，这种情况的后果，周易已有占断。那就是《丰》之《离》卦，《丰》上六爻由阴变阳，成为《离》，上六爻辞为"丰其屋（高房大屋），蔀其家（搭着凉棚），窥其户（窥视其庭），阒其无人（寂静无人），三岁不觌（三年不见人影），凶。"这描写一个无德的贵族人家，遭到横祸而形成的悲惨景象，伯廖认为，用周易这一卦爻辞来推算，无德而有野心的曼满必然会遭到这样的下场。

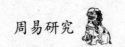

这也是引用周易爻辞进行占算的事例。

必须补充说明：一般认为，这只是引用古德铭言以证明推论者的观点，不属于占事知来。这一看法并不完全正确。因为，在春秋时代人物的思想中，周易既充满义理训诫，也具有神妙的测事功能。故此，上举两例以卦象爻辞为据，亦可见其占卜性质。故此，引用易象辞测事，除以为论据外，当然包含占算的意味。

下面，再举两个后代的事例，以见一斑。

第一例是诸葛孔明的《乾》之计。

孔明才智出众，胸怀大志，在群雄割据、天下扰攘之际，隐居南阳，韬光养晦，自号卧龙，静待时机。"卧龙"之象，实即《乾》初爻"潜龙"之象的变形。以龙德自居的孔明，当时机未到，尚无机遇之际，正彷佛龙潜于地下，不宜出头而应"勿用"的情况，故而静卧待时。一旦刘备三顾，时机已到，立即一跃而起，成为军师，正相当于《乾》二爻"见龙在田，利见大人"的景象。而积功进升，跻身高位之后，面对内忧外患，周旋于刘氏宗族之间，则"终日乾乾，""或跃在渊，"以"一生唯谨慎"的态度，立身行事，而免于过咎。和《乾》九三、九四爻的形象，非常相似。孔明的

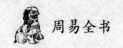
修身立业之计，是否源于《易》理的钻研，正史并无记载。但他隐居待时而以"卧龙"自号，出山后立身行事的态度与《乾》卦爻辞的"潜、见、乾乾、跃"的步骤与精神若合符契。从这一点来看，说他的人生大计与他对《乾》卦的观变玩占有一定关系，也不算过分。至于后来他以功德殊胜而升任丞相，又急于北伐而失败，情况与《乾》九五、上九之"飞龙""亢龙"之象，也颇相似，那就不是属于观象知来的性质，而是事实上的不谋而合了。总之值得深思的是，《乾》卦的结构简直就是孔明的人生结构，可见周易确有人生指南的作用。

第二例是《困》卦的解困之计

据《周易与中国现代化》一文的作者朱高正介绍，他在台湾高雄市参加立法委员选举时，曾从周易《困》卦卦辞中得到深刻启示。他认为，《困》卦卦辞"困：亨、贞。大人吉，无咎。有言不信"，对处在困境中的人，大有帮助。因为处于困境的人，固然有志难伸，但若能坚守正道，则含藏脱困致通之道。然而唯有大德之人处困之时，才能进德修业不缀，以静待天命。故能吉而无咎。至于小人遭困，常为求脱困于一时，而偏离正道，无所不用其极，反使自己困上加困。这就是'君子固穷，小人穷斯滥矣'的道理。而大凡处困境之人，其所持见解特难取信于人，因此，君子处穷困之时，应静默自持，信然后言。于是，本着对《困》卦卦爻的体悟，他"乃以'大人'自许，谨以'有言不信'为鉴，……深入名社区，与当地民众直接接触，纵然遭受他人的污蔑与攻击，亦不改其志，终于摆脱重重围困，从选战中脱颖而出，顺利高票当选。"(《金景芳九五诞辰纪念文集》297页)

上述两个实例说明，周易不一定通过占筮测事知来。也充分可以通过哲理测事知来。后者的可信性与测验性，当然大大高于前者。所以孔子所说的"观变玩占""彰往察来"以及"数往者顺，知来者逆，《易》逆数也。"(计算往事是顺当而容易的，预知未来是逆料，比较难)云云，是对《易》道的深切体悟，绝不是空话。深通《易》理的荀子也说过："善为《诗》者不说，善为《易》者不占，善为《礼》者不相，其心同也"(《大略篇》)。对此，杨倞注谓："皆言与理冥会者，至于无言说也。"善为《诗》者与《诗》心同，善为《易》者与《易》心同，善为《礼》者与《礼》心同，心同就是精神相同，亦即"与理冥会"（默契）。

能精通《易》道，与《易》理冥会的人，自然能作到观变测事，未"卜"先知。

《易》占的独特性

前文说过，占字的本义是"视兆以知吉凶"，原来指的是灼龟裂甲，察其兆象以测吉凶。后来"占"的外延扩大，筮占的一切均被包括在内。卜字的本义与占字相似，故而举凡观兆测事的活动，都称为占、卜，或占卜。

但是虽说古今中外一切占卜都属于观兆测事的社会行为，周易之用于占卜基本上也属于这个范畴，却与其他各种各样的占卜有巨大差别。《易》占的特性十分突出，突出的程度甚至达到似占非占的境界。

依照占卜的原理和事实来看，严格地说，古今中外所有一切占卜、真正的占卜，都必须以测定（占断）为准则，离开测定的"定"字，就谈不到什么占卜，占卜也便毫无存在的意义。占卜的"定"有三：神定、命定、占定，可谓"三"定。三定之中，以神为主，命由神定，占便如此。换言之，必须神有定力，命运才会一定，而只有命定，占卜才能据以判定吉凶。反之，如无神力的主宰，命运游移不定，占卜又凭什么作出断定呢？无定的占卜，又何以准确地预知未来的吉凶祸福呢？而不能预知来事的"占卜"，又怎能算作真正的占卜？在这个问题上，《礼记·曲礼》中有一段，说得十分确当。它说："卜筮者先王之所以使民信时日（吉日——时运）敬鬼神，畏法令也。所以使民决嫌疑，定犹疑也。故曰：疑而筮之。"这段话的中心观点是一个定字，亦即通过占卜使人民相信时运之"定"数，尊敬鬼神之"定"力，畏惧法令之"定"威，从而心悦诚服地顺从，以解除疑虑和犹豫不决。如若剔除"畏法令"的牧民内容，就其他意思来看，这段话是从占卜的作用上揭示出它的本质，可视为占卜的精辟界说。

由此可见，神定、命定、占定之三定，实为一切占卜的前提和必要条件。典型的史例是龟卜，如"壬申卜，贞王田鸡，往来亡灾。王稽，曰吉。获狐十三"（转引自郭沫若《中国古代社会研究》），其中，壬申日灼龟甲，观其裂纹，进行占卜。断辞曰"亡灾"，曰"吉"，曰"十三"，皆为确定之语，并无游移模糊。在殷代来说，这是卜师通过灵龟与神交接，从而获得的预

105

告。占卜之以"定"为准则，于此可见。

又如汉代占卜大师焦延寿所撰写的《易林》，"以一卦演为六十四卦，各系以繇辞，所卜亦多有验"（《四库全书简明目录》）。《后汉书》记载，东汉五年，京师干旱，汉明帝以《易林》占卜，占辞为"蚁封空穴户，大雨将集。"翌日，果然下起大雨。卜者解释说，雨前蚂蚁封穴，故为大雨之兆，这段记载表明，《易林》的占卜也是以确定的断语回答贞问。而蚁封穴户为大雨的前兆固然是事理的表现，但占卜何以能获得此兆，却非人谋所能及。依《易林》的思想来看，这仍是神所命定。换言之。神将命定下雨的信息，通过占卜的断语，告知问卜人，以解其"疑"。所以，必须以"定"为准则，倘若含糊其辞，断以"或将大雨"之类，那便失去断义而无以解疑，只是模棱两可的推测，而不是预断吉凶的占卜，可见定性实为占卜的生命，

照占卜的原理讲，对未知的断定，应该巨细无易地准确。典型的史例，可举三国时代管辂的事为代表。《三国志》记载，管辂与魏群太守钟毓讨论周易，曾为他占卜出生年月日，一言中的，毫无差错。钟毓惊愕之余，未敢求管辂卜其死期，以免担忧。（《魏书·方技

传》）

这样具体而准确的占断，才符合占卜的本性。占验与否，尤当别论，其占断必须体现神定命定的定性，才算是真正的占卜。

关于这一点，在占卜术最完备最流行的纳甲占法（火珠林占法）中，叙述得最清楚。依《卜筮正宗》的占法介绍，占卜时，首先要祈祷说："天何言成！叩之即应，神之灵矣，感而遂通。今有某姓，有事关心，不知休咎，罔释厥疑。惟神惟灵，若可若否，望垂昭报。"这样祈祷后，才能掷钱占卜。这一规定表明，这种占卜是获得神示的媒介，问卜人前途命运的或可或否或休或咎，会得到神的"昭报"，即明确地告示，以解除疑问。所以，这种占法也必须以"定"为准则。

由上述可见，一般占卜，只要是问事解疑的，其占辞都离不开"三定"，都必须有定性。模棱两可与含糊其辞，不符合占卜之所以为占卜的本性。

在这个问题上，有个传说的故事，可以给人们很大的启示。据说，唐代的预言大师李淳风和袁天罡二人推背以预言未来，号曰"推背图。"未来无穷，预言的推背动作，自亦不停。忽然有个旁观者手里捉住一个麻

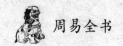

雀，问他们二人："你们能推出来事，请推推，这个麻雀是死的，还是活的？说是死的，我就放了它，让它飞走；说是活的，我就捏死它，怎么样？"李、袁二位预测大师立即大吃一惊，只好停止推背预测。因为预言只能说将来一定如何，不能说将来也许如何；只能说非此即彼，不能说亦此亦彼。

这个传说未必真实，但它表明一个定理，那就是占卜对未来的预测，都必须有确定性。否则，就丧失其占卜的性质。

但是，恰恰在这一点上，周易的占卜却与一般的占卜，大有不同。如前所述，周易并非殷周之际由巫史之类为沟通人神关系的占卜而写成的书。它大约是文王那样的圣者，处于衰世，怀着深沉的隐忧，为阐明天人之道，教诫世人，"使人知所向避"，而在既有六十四卦基础上以占筮面貌写成的"法律之书"（张载《横渠易说·系辞上》），如其书名所示，《易》为变义，占法用九、六变数，而不用七、八定数（传说夏商占卜用七、八，表示确定不易，文王演《易》改用九、六，表示变易）。《周易会通》总论谓，"说本贾、郑、服、章诸人"。由此也可见，周易之占言变不言定。并且，以理

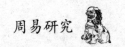

为本，据理占断。故而与卜辞之类的单纯占卜，性质迥异。"三定"的准则，对《易》占并不适用。

众所周知，《易》辞不言占，也不言神。有占字，是说"未占"，有鬼字，是地名或状辞，与神鬼无涉。有"自天佑之"之句，其天字是指自然规律，不是指人格天。同时全部《周易》，从始到终都以一阴一阳之道为核心，讲说进德立业、守正祛邪的人事道理，处处表现出吉凶由人、命由人定的思想，没有一处透露出听天由命的意思。同时，其占辞是依卦爻象与辞象所含义理而推出的，多含警告劝诫之意，仅能为问卜者指出类似"注意事项"那样的行动方向。因此，由神定、命定、占定合成的"定"性，可以说，在周易的占筮中，若有若无，极不明显。这一点，即使断言周易为卜筮书、源于卜筮而且"施用亦在于卜筮"的李镜池先生，也有所察觉。他说："占卜有一套贞卜兆术语（案：即占辞——本文作者），如卜辞的亡戾、亡灾、有祟等，周易的无咎、利贞、元亨、悔亡等。但周易用贞兆词和卜辞不同之点不在于术语差别而在用法。卜辞每事一卜，吉凶分明，吉是吉；凶是凶。周易却有吉凶连言的，……"接着，李先生还举出好几个例子证明这一点。约

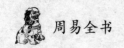

言之，他认为卜辞占断分明，周易则否。他所说的"吉凶连言"，实际上是说或吉或凶，不能确定。用本文的话来说，就是卜辞之占断明确有"定"，而周易则含糊无"定"。下面举个明显的例子，试作探究。

（一）、《否》六二爻辞"包承，小人吉，大人否，亨"。大意是六二以阴柔居阴位，过顺而佞，善于笼络上方的群阳，承迎谀媚，以求度过否运。对于小人来说，这是吉道。而身为大人者，处此否境却不应为小人的"包承"所惑，应当安于否境，守正不移，身虽陷于否困，而道则依然亨通。对大人来说，这是处否境的正当之计。

这段爻辞，表示吉否相反的两歧占断。在否塞的世道中，小人以顺承为吉，大人则以守道为亨，因人而异，没有一"定"。朱熹所说："占者小人如是则吉，大人则当安守其否而后道亨。"这里的大人，显然是指道德高尚的贤者，而非指高官，因为只有贤者才能困于否境守正而亨。小人自然指道德卑下的人。小人之吉，于大人则凶；大人之亨，于小人则凶。周易占辞之吉凶，以人格的高低为准，不是一概而论。但这两可两不可的占辞，却不免使问卜者为难。自己是小人呢，还是大人？小人的顺承之道，固然可免于受困而获平安之吉，但不如大人身否道亨之可贵。周易很多占辞（包括爻辞）就是依这种扶阳抑阴、祛邪扶正的思想作出占断，以回答问卜者（或学习者）的疑问。这是一种因人制宜的灵活不定的答案，是在讲处于否境中如何作人的道理，并非真正的关于吉凶祸福的占断。这属于飘忽不定的辩证思维，和卜辞吉凶分明的形式逻辑式的占断，根本不同。

（二）、《屯》九五爻辞："屯其膏，小贞吉，大贞凶"。这段占辞的大意是，九五处于尊位，居中得正，应恢宏博施，以膏泽惠及臣民；而不应屯积其膏，吝啬其施。这种正固不苟的作法，用于财物出纳之类的小事，吉；用于泽洽臣民的大事，凶。

在这段占辞里，吉与凶相对并列。或吉或凶，因情而异。整个占辞，与其说是回答卜者筮问来事的占断，不如说是对占卜者（或读者）行事方针的指导与劝诫。吉凶与否，由占卜问事者以自己的行为作出选择，占辞不予断定。

（三）、《临》六三爻辞："甘临，无攸利，既忧之，无咎。"

临字的原意是以上视下，引申为治理、监督、领导等意。甘字是以甜言蜜语取悦于人。六三处于下卦的最上方，阴居阳位而不中不正，又是下卦《兑》的主体。兑为口舌、为喜悦，所以六三有居于临人的高位而以甜言蜜语取悦于下之象。如此作风，对监督部下来讲，没有好处。这是占辞的第一层意思。另一层意思则是，如果六三能认识到甘临的错误，而忧虑戒改，便可从"有咎"转变为"无咎"。这一占辞，表现吉凶双方发展转化的辩证思想，纯系经验的总结，毫无神定、命定和占定的意味。同时，此占辞只对领导层的问卜者有参考意义，对被领导阶层来说，并无决疑、测运的作用。

（四）、《家人》九三爻辞："家人人嗃嗃，悔厉。妇子嘻嘻，终吝。"

此爻辞大意为，九三以阳性而居阳位，刚强太甚。以此态度治家，过于严厉，使全家有"嗃嗃"的愁怨之声。如此，虽难免悔恨、紧张之虞，但从结果来看，却是吉祥的。反过来，如果治家松懈，妻子儿女嘻嘻哈哈，终于会召致羞辱。这个占辞也是由两个假言论式组成。若是前者，虽悔厉而终吉；若是后者，则终致于吝。或选择前者或选择后者，由问卜者依理自决，《易》

占不加定论。神、命、占三者，在这里都不为问卜者作主，作主者是理，是讲理的人。

（五）、《遁》九四爻辞："好遁，君子吉，小人否。"

这一爻辞，吉否相反，因人而异。来之德的注释简明得当。他说："九四以刚居柔，下应初六，故有好而不遁之象。然《乾》体刚健，又有遁而不好之象。占者顾其人何如耳。若刚健之君子，则有以胜其人欲之私，止知其遁，不知其好，得以遂其洁身之美，故吉矣。若小人，则徇欲忘反，止知其好，不知其遁。遁岂所能哉！故在小人则否也"（《易经集注》）。可见，这一卦爻的占辞，吉否不定，要看问卜者"其人何如"。这和其他占卜术，迥乎不同。其他占卜术，都直接了当地回答占问者的疑问，占断其吉凶祸福，绝不以占问者的身份与道德为转移。因为，以身份与道德为转移的占断，是违反占卜之所以为占卜的"三定"原则的，是无占卜必要的。

上举五例，充分表明周易的筮卜，一不由神（天），二不由命，三不由占。其占辞是超乎这三定而循理因人作出的占断。这种占断，虽然披着占卜的外衣，实质上

113

已越出占卜的范畴，成为依照哲理伦理法则推出的判断了。

非理勿占

《易》占的第二个特点是亦理亦占，占依于理。前文反复讲过，周易具有理占的两重性。从理的角度来看，它是哲学，可供学习，从中获得天人之道，以为人生向导。从占的角度看，它可供占卜，据理以预测未来。占是出理的形式，理则是占的内容。占以理为据，据理出占。理胜于占，占制于理。理可独立自足，占则倚理而立，非理无占。

《易》理可分为道理与义理两类。前者为天道，即宇宙自然的规律，后者为人道，即人事的伦理法则。再具体些，可分为三类：一是道，即事物规律；二是德，即道德原则；三是义，即行为准则。周易的经文，包括卦名、卦辞、爻辞，都充满这些内容，爻辞中的占辞当然也不例外，无一句有所偏离。总体看来，循道循德循义，既是周易作为哲学的特点，也是周易用于占筮的特点。

在这一点上，自古迄今史学界似无歧见，义理派不消说，象数派也有类似的看法。孔子首先提出周易内含天道、地道、人道，以义理为周易的本质。王弼继其后，扫象谈理，至唐宋孔程之后而发扬光大，其中张载的观点颇有代表性。

他说："《易》即天道，独人于爻位系之以辞者，此则归于人事……因爻有吉凶动静，故系之以辞，存乎教诫。使人动则观其变而玩其占，……使人知所向避，《易》之义也。"又说"天下之理，斯尽因《易》之三百八十四爻变动以寓之人事，告人以当如何时、如何事、如何则吉，如何则凶，宜动宜静，叮咛以为告戒。"（《横渠易说·系辞》）

张载这段话的要点是说，周易蕴涵天道人事之理，随爻占以为教诫。这完全符合周易的作意、本质和功能。它表明，循道循德循义，是《易》学和《易》占的特性。这一点不仅义理派作如是观，象数派也有类似的观点。占卜大师房京就说过："《易》所以断天下之理，定之以人伦，而明王道"（《易传》）。另一象数大师虞翻也说："……《易》广大悉备，有天地人焉。故称备也。""阳在道门，阴在义门，其《易》之门邪?!"

"神以知来，故名忧患，智以藏往，故知事故，作《易》者其有忧患乎?!"干宝也属于象数派人物，他也说："……《易》道戒惧为本。所谓以终始，为无咎也。……大夫之从王事，则夕惕若厉，……妇人居室则无攸遂也。虽无师保切磋之训，其心敬戒，常如父母之临己者也。"（以上见孙星衍《周易集解·系辞》引文）综合看来，这些偏重象数重视占卜的易学大家，也继承孔子《易大传》的思想，对周易性能作出了一些类似义理派的阐述。总而言之，两派易学家都持有"《易》之为书，推天道以明人事"（《四库全书总目提要》）的观点，只是在针对周易"理"（内容）与"占"（形式）的关系地位和功能上，侧重点不同，以致分道扬镳。

为此，强调周易为占书的学者，也都不否认它的理占二重性，朱熹便是这样。他写《周易本义》，目的在于申明周易的本质是占筮之书，所以着重从占筮的角度讲周易。但由于占依于理，非理无占，故而同时也不得不依理讲占。举例来说，对《乾》象之"元亨利贞，"孔子视为一句，解作"四德"，所谓"元者善之长也，亨者嘉之会也，利者义之合也，贞者事之干也"（《文言》）。只讲其理，未及其占。朱熹认为原来不是这样，原是"元亨，利贞"，两句。本义是，"元，大也；（按："元"无大义）亨，通也；利，宜也；贞，正而固也。"并讲其来由和主旨说："文王以为乾道大通而至正，故于筮得此卦而六爻皆不变者，言其占当得大通，而心利在正固，然后可以保其终也。此圣人所以作易，教人卜筮而可以开物成务之精意。"（《周易本义》）朱熹还认为《乾》《彖》元亨利贞，就是为占筮而设，讲四德之义理，是始于孔子（案，穆姜时已有四德之说，朱熹所云非是，详见前文）。但仔细看一下朱熹的解释，便会发现，他也在讲义理。他所谓"乾道大通而至正"，当属于哲理的天道；"必利在正固，然后可以保其终"当属于人事的教诫。合起来看，依然没越出以孔子为首的义理派所说的周易"言天道而明人事"的范畴。不同的是，朱熹是从占筮的角度讲义理，孔子、张载等则是从义理的角度讲占筮。其根本区别，端在于此。值得注意的是，由于主张占筮所需之理大大小于"冒天下之道"的义理，在占理关系上如侧重于占，势必缩减义理的发挥，发展下去，必将如焦延寿、京房、郭璞之流，脱乎理而堕于术，为世人所鄙。

　　关于理与占的关系，主张《易》本占书的李镜池也

在《周易探源》中略有涉及。他说："编著者用贞兆词已经把它的意义推广，贞兆不单是为贞兆用，而是跟上下文所说的事理联系起来。说是说，不光是贞兆词，而是事理的说明和判断。"接着举出《乾》九三爻辞（包括贞兆词即占辞）加以分析，以为例证。李先生这段话含有三个观点：一是占辞的意义已扩大，不限于占断。二是占辞与事理联结。三是占辞一身二任：既表示占筮的结果，同时又是事理的说明与判断。这三个观点合起来，主要意思就是理占结合，亦理亦占。而占既已成为事理的说明与判断，它便得服从于事理，而变质为"出理"的手段。违理之占乃至无理之占，也便成为没有内容的"空壳"而失去存在的价值了。说来说去，李先生的观点便不得不归纳为理胜于占，非理无占，而与本文的观点不谋而合了。但这样一来，李先生所再三强调的《易》本占书的观点，却不得不陷于自我推倒的窘境了。

关于占理融合、非理无占的实例，上文已讲了一些。为进一步彻底说明这一问题，下面再以《乾》卦全经为例，加以阐释。

首先，再深入说一下《乾》的卦辞"元亨利贞"。前文介绍了孔子在《文言》里和朱熹在《周义本义》

里对它的涵义所作的两种解说。前者是从理的角度讲理，后者是从占的角度讲理。表面看，双方讲了许多，实际上义犹未尽。同是孔子的解说，《乾》《彖》传与《文言》却不一样。《乾》《彖》传以"万物资始，乃统天"释"元"义，以"云行雨施，品物流行"释"亨"义，以"大明终始，六位时成"释"利"义，以"乾道变化，各正性命，保合太和，乃利贞"释"贞"义。《彖》传这种解释，与上述《文言》的解释，虽有内在联系，但具体内容显然不同。不过，这两种不同的解释却有个共同点。都把"元亨利贞"分别断开，当《乾》天的"四德"对待。而《文言》的解释往下又出现波动，冒出第三种说法："《乾》元者，始而亨者也，利贞者性情也"，把"元亨，利贞"视为"二德"。忽而一，忽而二，忽而三，如此解说，是否意味着孔子的思想言论出现了矛盾。或者采集旧说，"述而不作"，以致产生前言后语不一致的现象？对此，本文同意尚秉和先生的看法。对一文多解现象，他解释说："唯此四字（案，指元亨利贞）义蕴宏深，非一解所能尽。"对所释前后不同现象，他的看法是，"此无他，《乾》健之德，不可名言，似必再三释，方能毕其义蕴也"（《周

119

易尚氏学》)。尚氏的见解，异常精辟，符合概念运动的法则。近现代哲学，于此都有定论。黑格尔指出，具体概念和抽象概念不同，它有多种规定性，一种解说不能毕其义。"元亨利贞"乃表现天德的具体概念，义蕴深奥，必须四面八方加以解释、描述，才能表现其全貌。孔子是大哲人，所想的问题几乎全是关于天人之道的大事，所思考的概念，也大多是内涵深厚的具体概念，只能从多方面以多种语言（直述的、描摹的或譬喻的，等等）进行表述。例如他对"仁"的概念，就不是一个说法。忽而说"夫仁者，己欲立而立人，己欲欢达而达人"（《论语·雍也》），忽而说"克己复礼为仁"（《论语·颜渊》），忽而说："居处恭，执事敬，与人忠"为仁（《同·子路》），忽而说："刚毅木纳，近仁"（同上），但究竟何者为仁，孔子在《论语》里说了好多次，也没有一个明确的定义。使颜渊感叹的所谓"仰之弥高，钻之弥深，瞻之在前，忽焉在后"（《论语·子罕》）的情况，也许正是指此而言。孔子以这种全面的思维方法来讲解《乾》天之德的具体概念时，自然会反复阐发而呈现前后不一致的状态。但这不是分裂的不一致，而是多样性的统一。

孔子从阐发天人之道的大局出发，讲解周易始基的
《乾》德，故而发掘发挥出《彖》传、《文言》那样成
篇大套洋洋丽丽的哲理与伦理。相对地，朱熹则从占卜
的功用出发，对《乾》德作了简单的注释，而其所讲的
天德人诚之理，完全包含在孔子所讲的大道理之中，除
了硬说周易本义为占筮以外，并无新意。由此可见，在
周易中不但占自理出，而且占义远小于义理，如果说占
义也属于义理，它只能说是义理当中一个小小的组成
部分。

下面，再从非理无占的角度对《乾》卦爻辞试作
分析。

《乾》卦取象于龙，以龙德比喻君子、大人之德。
全卦卦情是指示君子、大人在《乾》健的局面下，如何
效法天道，发扬龙德，应付各种境遇与时机，有所
作为。

初九爻辞是"潜龙，勿用！"

《易》卦六爻，初二爻为地、三四爻为人、五六多
为天。《乾》卦象天，为纯阳之体，刚而且键。初爻属
于地下，为阳气方萌，尚需涵育隐伏之象。龙为阳象，
此际处于地下渊中，宜于养精蓄锐，静待时机。不宜出

潜，有所施展。这是"潜龙勿用"的大意。

必须指出，这个爻辞既是天人合一的义理教诫，也是天人合一的卜理占断，既是哲学，又是占卜。在哲学上是以"潜龙"之象喻理，以"勿用"之辞教诫。在占筮上，也以"潜龙"之象喻理，而以"勿用"为占。占理为一而功用不同。但占的功用依赖于理，有斯理，方有斯占。而理（含教诫）则独立自足，不依于占。

另外，作为哲理，这一爻辞适用于一切人，处于斯境和不处于斯境的人，俱可引为教诫。而作为占辞，则对象可能很窄，若非具龙德的君子而是无德的小人或一般人，占得《乾》卦而初爻动，其占辞又当如何理解？这一点经文没有直说，而揆之于"《易》为君子谋而不为小人谋，则小人于此只好莫知所措了。故而从应用看，《易》占的范围也大大小于《易》理。

九二爻辞是"见（现）龙在田，利见大人。"九二以刚中之德，值阳气上升之际，应勿失时机，出潜离隐，有所作为。二爻为地上，亦即田野。潜龙出现于大地，故曰见龙在田。大人为大德之人，龙出潜而现大德，宜于晋见九五尊位的大人，亦即宜于施展才德，为尊者赏识，以求进益。从占筮讲，爻辞中的"见龙在田"是喻理之象，"利见大人"是依象理作出的占断。从义理讲，则全属君子立业进身之道。——"利见大人"云云，不过是借用占辞的形式而已。和初爻一样，占卜对象也有限制。正如来之德所说，"占者有是德，方应是占矣。"倘非见田之龙，则无见大人之利。

九三爻辞是"君子终日乾乾，夕惕若！厉，无咎。"九三爻属于人位，按上下卦来看，是下体之巅。具有龙德的君子，由隐而现而跻于上下之交的高位。以阳刚之体居于阳刚之高位，过刚不中，易受挫伤。在含有危险的时空中，善处之策是终日小心谨慎，勤奋不懈，直到深夜，仍警惕不已。这样，虽处于险厉之地，也可无咎。这是九三爻的大意。

无咎是周易占辞，经文中凡九十三见，足见其用处之频。"咎"，意为灾害，轻于"凶"而重于"悔""吝"。原义是本来有咎，但由于悔改而转为无咎。孔子所谓"无咎者，善补过者也"（《系辞上》三章），即是此意。《乾》九三的占辞"无咎"，不是象卜辞表示那样，或其他占卜的"吉""凶"那样，非此即彼，决然表示神定命定的祸福，而是依据前文"终日乾乾，夕惕若"所表现的勤奋戒惧的处世规律推论出来的，意为君

子或任何人（包括占者）处此多危有咎之地，若能照此行事，当可化有咎为无咎。

这样，从占卜看，无咎是循"终日乾乾，夕惕若"之理而作出的占辞，只适用于君子中的问卜者。而从义理来看，无咎则是依前文规律所推出的结论，属于立身行事之道，是对任何人都适用的教诫，其广泛意义当然不限于君子或占者。

《乾》九四爻辞是"或跃在渊，无咎。"意思是，或者进而上跃，或退而居渊，进退随时，当可无咎。

九四爻以阳性而居于阴位。阳性志于进，阴位则利于守。以卦体论，九四爻处于下卦之上，上卦之下，迫近于九五尊位，是多事之地，尤需谨慎从事，以为进一步的飞腾，作好准备。或跃或伏，以试其力，或进或退，磨炼待时。如此见可而动，自可无咎。

九四爻辞内，无论以推理或以占卜论，"或跃在渊"都是前提，无咎都是结论。只是后者把推理的结论，作为占卜的断辞而已。情况与前三爻并无二致。

《乾》九五爻辞是"飞龙在天，利见大人。"阳爻居于五位，故曰九五。九五为尊位，以朝廷论，是为君位。龙自四位跃上五位，刚健居中，又高处尊位，飞黄腾达，有飞龙在天之象，是德高望重的大人居于君位，天下人莫不乐于仰望。这是九五辞象的涵义。

"飞龙在天"的象义是"利见大人"的理由，"利见大人"是"飞龙在天"的后果。其理占关系和前四爻相同。至于问卜者的局限性问题，由于以龙为象，故而此爻尤为突出。宋太祖曾问大臣王昭素，占得此爻的人若非君主，如何对待。王答以"若臣等占得此卦，陛下是飞龙，臣等是利见大人。"朱熹认为答得最好（《朱子语类》）。可见龙象乃君主专利，其他人占得此爻，并不适用。

《乾》卦上九爻辞是"亢龙，有悔。"

阳气升至上位，已达颠峰。极进过高，恰似盲目冒进不留余地的龙象，故曰"亢龙"。以人事而言，这比喻其德如龙的人物，跃居尊位后，若志得意满，知进而不知退，必将走上极端而遭受物极必反规律的惩罚，陷于有悔的窘境。物极必反是宇宙人间事物运动的铁的规律，违反这一规律必定有悔，也是必然的法则。周易里有不少辞象表现这个道理，"亢龙有悔"是第一个。孔子从多方面对它作了阐释：一曰"盈不可久也"（《象传》），从事理层面作了解说。二曰：贵而无位，高而无

民，贤人在下位而无辅，是以动则有悔也（《文言》），从政治层面作了解说。三曰"穷之灾也"（同上），从哲理层面作了解说。四曰"知进而不知退，知存而不知亡，知得而不知丧"（同上），从政治修养层面作了解说。可见，在孔子思想中，"亢龙有悔"这一辩证思维的形象命题，占有如何重要的地位。

就周易本身的思想来看，"亢龙有悔"可具有三种性质和效用：一是哲理命题，以事物定律教人；二是伦理命题，以生活法则教诫；三是占卜命题，据不易之理为占断。总之，自占而言，情况与前五爻并无差异。

用九："见群龙无首，吉"

六十四卦中，唯《乾》《坤》在六爻外分别附有断语"用九""用六"。这是说在筮数中，七、八，是少阳、少阴是不变数；九、六，是老阳、老阴是变数。《易》占讲变，用九、六，不用七、八。六十四卦中《乾》卦六爻皆为老阳，故曰"用九"，这是"用九"第一义。《乾》卦爻皆为老阳之九，九必变而为老阴之六，将成《坤》卦。这是"用九"第二义。九数为阳之变，用九谓善用阳刚之德，巧使阳刚之变，刚柔相济，调节适中，因时利变，防止过亢之害。善于用九，而不为九所用，这是"用九"的第三义。综合此三义，系以"见群龙无首"之辞象，而断之以"吉"。群龙指《乾》阳变为《坤》阴，是先刚后柔，刚而能柔，顺其自然，不假造作，故而为吉祥之道。《乾》六爻占辞皆不言吉，惟用九言吉，可见周易对善于运用阳刚变化之道，如何重视。同时，用九的爻辞占辞表明，它所蕴涵的基本上是天人之道的哲理，并不是乞求神谕的占卜。

也许正由于这个原故，孔子也便从哲理的高度联系政治伦理对用九的涵义作了如下阐释。

一曰"乾元用九，乃见天则"（《文言》）。意为《乾》卦的"用九"，表现出天的法则，亦即阳刚为本，刚柔适中，适时变化，有节有序，无过亦无不及的天体运行规律。《乾》六龙之潜、见、乾乾、跃、飞、亢，都是贯穿阳刚进取与阴柔节制相结合的"用九"精神。

《文言》这一条，是孔子从天道的层面对用九的本质所作的阐释。

二曰"用九，天德不可为首也。"（《象》传）意为用九表示，《乾》卦所表现的天德，在于刚而能柔，尊而能谦，进而能退，绝不逞强争先，亢进为首。孔子认为，这是周易借天德以明人事的告诫。这表明，"用九"

的意义绝不仅限于占卜，而是立身行事进德修业的至理要诀。老子"不敢为天下先，故能成器长"（《道德经》六十七章）的辩证思想，说不定就是来源于用九的"群龙无首吉。"有些学者认为老子思想源于周易，笔者认为，老子以阴柔为贵的思想体系，和周易以阳刚为贵的思想体系。并不一致。只是老子的许多辩证命题，却与周易一脉相通。

三曰"乾元用九，天下治也"（《文言》）。意为执政者如能以乾元用九的思想和措施，刚柔相济，治国安民，必能大获成功。这是孔子从政治角度自用九的内涵中发掘出来的道理，

如上所述，孔子从自然规律、人事法则和政治方略三个层面，对《乾》卦"用九"的义理内涵作了发掘阐述。占法方面和前六爻一样，其占辞"吉"，是据"群龙无首"之理所推出的结论，是义理所生，而非天神所定。

以上是以《乾》卦为例，逐爻讲述了义理为本的理占关系。六十四卦，卦卦如此，每卦都是在以象喻理，表达一定情境下的天人之道和立身行事之则。如果把每卦的内涵集中展开，予以表述，将成为六十四篇哲理论

文和伦理指南，周易的本性也将昭然若揭。下面仍以
《乾》卦为例，试作铺写。

《乾》道论

《乾》是天阳的表现。它禀赋元、亨、利、贞四德。
元为万物的始基，众善之长，亨为众美的会通，利为众
义的汇合，贞为干事的正固。天道如此，人道亦应如
此。君子行此四德，乃合乎《乾》道。合乎《乾》道
的君子，体具天的阳性，其德智如龙，其行藏如龙。时
机未至应潜伏养晦，不可盲目出动，妄为施展。时机一
至，应脱潜离隐，现身于世，如龙之出于渊而跃上田
野，崭露头角。此时此际，应展现德才，广获令誉，上
取尊者的赏识，以利于进身立业。

在业有所成、位有所进之后，切勿乐而忘忧。应依
《乾》道行事，小有成就而尚奋进之时，身处上下之交
的中间地位，前途辽远，荆棘尚多，稍有疏忽，便会陷
入险难而前功尽弃。唯有小心谨慎，兢兢业业，自强不
息，朝夕警惕，才是对处险境的善策。

当德业进展而跻入上层之际，切勿以迫近大成而有

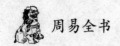

所松懈。应审时度势，返身自省，或进或退，静待时机，不发则已，发必有中。犹如龙之或跃或伏，以待腾飞之机，一飞登天。因此际所处地位虽已超出下层，但属上层底位，而且接近权力中心，乃多疑多惧之地。以《乾》道论，这是以阳居阴，其位不正。所以，更要深思熟虑，切勿妄动。这样，自然可以平安无事。

当天时地利人和，三美具备，飞黄腾达之机已经成熟时，德智出众、功业超群的大人终于登上九五尊位。如同养精蓄锐、实力充沛的龙，飞跃上天，英姿雄健，万人景仰。

《乾》道九五，刚健中正，是体现天德的尊位，是建功立业、大展宏图的理想地位。踞此位者，应本《乾》健精神，以天下为己任，勤政爱民，选贤任能，励精图治，广施博惠。如斯则天下敬仰，百姓拥戴，犹如飞龙在天，普降甘霖，泽洽四方，普天之下，莫不景仰。若不肯如此，或反其道而行之，则前途当然凶险，无可置疑。故而九五，虽是《乾》道黄腾达的尊位，但前途如何全在人为。空言吉凶，于事无补。古语云："满招损，谦受益"。登上尊位的人应体天道乾乾、极而必反之则，风夜匪懈，居安思危，以持盈保泰；切勿骄傲自满，得意忘形，妄自尊大，不知进退，违反中道，以致闯入极端，招来灾害而后悔莫及。犹如飞天之龙，得意忘形，盲目冒进，窜入太虚，招致陨落之灾，悔之晚矣。所以，此时此际的良策是，应如群龙以矫健的姿态飞腾天上，却并无出首争先的丑态。这样，自然可常保吉祥。

总括上文可见，进身立业之善策，必须遵循《乾》天之道，终日乾乾，健行不息，能刚能柔，知进知退，动静行藏，不违时宜。养晦而不忘进取，居尊而能致谦和。时时返身修德，切勿强作众首。如此立身行事，自然吉无不利。

所谓天人合一之《乾》道，如斯而已。

以上，是笔者依据《乾》卦蕴涵的义理而写成的一篇短论。容或阐发有所不足，而基本道理并无乖离之处，纯依《乾》卦之理立论，可以说是一篇地地道道的哲学短文。至于文笔如何，则尤当别论，与本文题旨无关，不必计较。仅此一例，周易的哲理本性，便赫然显现。同时，周易之占，除依附于此理之外，并无独立地位，理大于占，非理无占，当可不言自明。

如果依此办法，将周易六十四卦的内涵完全铺开，

写成文章，从义理层面看，将成为六十四篇哲理、伦理的指导性论文；从占卜层面看，将成为六十四篇上占未来学的推理性文章，而周易全经也将成为条理清晰、内容深厚的人事百科全书。当然，这里引申发挥，也许难以避免，但基本思想仍源于周易。正如从石头里生不同孙悟空一样，从真正的占卜书中，绝不能阐发出如此深厚而实用的义理。由此观之。周易非理无占的哲学性，也便昭然若揭。

非德勿占

英国的人类学家罗伯特·路威教授，对原始文化作过专门的调查与研究。他在谈到预言和占卜时说："这是个含有无数个未知数的方程式，要你解答。……足下的生死祸福就看你能不能找到正确的答案"（《文明与野蛮》，吕叔湘译，）。这句话，可以视为占卜之道的普遍释义。这和我国古人所说的占卜"决疑"以趋吉避凶，是一个道理。古今中外一切所有的普通占术之道，皆是如此。

但是除此之外，占卜之道中还有一种非寻常的特殊情况。那就是罗伯特·路威教授补讲的另一句话："倘若你依着历古先贤定下的路径走，你就可以得到幸福"（同上）。这是说，为人之正道若用之于占卜，便成为遵循传统道德而趋吉避凶的占断准则。所谓周易的非德勿占，即是此意。

可是自龟卜以来的占卜，只依占兆为求卜者测事解疑，并不讲什么义理道德。但周易的占卜，却迥乎不同，既循理而占，又循德而占，融德理于一炉，数往逆来，作出占断。前文所述穆姜筮遇《艮》之《随》，虽得"元亨利贞无咎"的吉辞，却因己身之败德而不信。她认为周易此占于理不合，不会灵验，这在客观上也表现出周易自身非德勿占的本性。这一点，前文所举南蒯的占例，说的非常清楚。惠伯所谓"忠信之事则可，不然必败。""《易》不可以占险"等语，表明《易》占与一般占卜不同，不是有问必应，而是有德者应之，无德者不应，占善事可以，占险恶（坏事）则不可。《易》占的门前，有一条节制问卜的道德界限。这个道德界限，源于周易内在的道德性质。周易作为一部推天道以明人事的警世指南，饱涵古圣先贤进德修业的教诫，这是贯穿于周易辞、变、象、占四道中一条不易的原则。

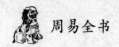

无论观象玩辞，观变玩占乃至占事知来，都不能背离。背离这一原则，就丧失周易的灵魂，纵然名为《易》占，实质上已脱出周易的范畴而沦为《火珠林》《梅花数》之类的末技小术了。这一点，古人早有明确的论断。

《礼记·少仪篇》记载："问卜筮曰：'义与，志与？''义则可问，志则否！'"

这段问答，据郑玄注解，意为："大卜问来卜筮者也。义，正事也；志，私意也。"这是说，卜官问前来求卜的人："是占卜正义的事呢，还是占卜私欲的事？"可问正义的事，不可问私欲的事。对这段关乎占卜的名言，明清之际的思想家顾炎武特别欣赏。他在《日知录》卷一中谈《卜筮》时，举出这段话加以阐释说："子孝臣忠，义也，违害就利，志也。卜筮者，先王所以教人去利怀仁义也。"意为卜筮是古代圣王教诫人们除去私利而心怀仁义的手段，也就是对占卜问事，设立正邪的界限，以导人向善为宗旨，对民众进行道德教化。顾炎武还进一步依据周易《革》九五"未占有孚"的道理，认为有些必然的义理"不待卜而可知"，并进一步阐发说："其所当为，虽凶不可避也"（同书）。他又引用屈原在《渔父》中所说"用君子之心，行君子之义，龟策诚不能知此事！"予以赞扬。这样，卜筮周围便以仁义为准绳设立了门限：一则本身非德不占，二则合德者又不必占，大大缩小了占卜对象的范围。由此观之，所谓儒家的道德占筮观，并不符合一般占卜为人"决疑"的原旨，不是对占卜测事功用的加强，而是对它的削弱。实质上，可以说它是道德教化在占卜领域的延长。至于这一道德占筮观起源于何时何地何人，则难以稽考，无从判定。殷商龟卜之观裂兆占事，简单"决疑"，当然谈不到道德为界。《连山》《归藏》》二占书，情况不明，但依据只言片语的佚文来看，似乎以占卜为主，道德的占卜学说，也难从那里产生。大约只有象辞俱备、体系完整、义理深厚、非理无占的周易出现，才有可能从中产生道德占筮的观点。上举第二例中惠伯说过"尝学此矣"，这句话表明，从殷末周初周易成书到春秋时代几百年间，周易在正规的传授过程中大约一直是伴随着道德占筮的门风，非德勿占。至于上举第一例穆姜之从理不从占，是否也受到这种占风的影响，则不得而知。但有一点可以肯定：《礼记·少仪》所谓"义则可问，志则否"与惠伯所谓"《易》不占险"之间，

其基本精神具有一致性，则是不言而喻的。

这里有一个相关的问题，需要顺便说清楚，有的学者认为占卜家常以道德为掩饰占卜不验的遁辞。对于以卜为官的巫史或卖卜为生的术士来说，这种现象当然不足为奇。可是周易的德占，却与此根本不同。因为它的扶阳抑阴，为君子谋不为小人谋，以中贞为基石的思想，控制它的占卜；而非理无占，循理而占的结果，必然导向于非德勿占。应该说道德占筮观是周易内涵义理在占筮层面上发展的合乎逻辑的必然结果。当然，同时也是周易作者忧患意识和教化思想的自然表现。

"德"是周易辞、变、象、占的核心。孔子对此深有体会。他在《系辞》中对占卜只作筮数的介绍和空洞的赞颂。而在论卦时，对"德"则反复作具体的发明。他说："《履》，德之基也。《谦》，德之柄也。《复》，德之本也。《恒》德之固也。《损》，德之修也。《益》，德之裕也。《困》，德之辨也。《井》，德之地也。《巽》，德之制也"（《系辞下》七章）。把《易》卦视为德的化身。他认为，当初圣人著作周易时，是"观变于阴阳而立卦，发挥于刚柔而生爻。"而卦和爻的内涵和功能则是"和顺于道德而理于义，穷理尽性以至于命"（《说

136

卦》首章）。就是说，六十四卦三百八十四爻无一处不充满天人合一的道德义理，道德义理是周易思想体系的本质。依孔子这种观点来看，周易占卜之非德勿占，自是理所当然。"无恒"为非德之轻微者，孔子对其后果尚且断言"不占而已矣"，若是奸淫等败德勾当，依孔子的易学思想来说，自然是无需占卜而恶果自明，"未占有孚"（《革》九五）是理所应当的。

在这个问题上，苏轼在南省（尚书省）"说书"（讲经）时，曾对惠伯讲解南蒯所占《坤》之《比》五爻辞所说的"供养三德为善"问题，进行解答。他首先说：

"《易》者，圣人所以尽人情之变，而非所以求神于卜筮也。"

对周易为人事变化之书而非占卜性质，作了界定。然后接着分析说："自孔子没，学者惑乎异端之说，……使夫伏羲、文王、孔子之所尽心焉者，流而入于卜筮之事，甚可悯也。"

他慨叹，自发扬《易》理的孔子死后，学周易的人被邪说所迷惑，使伏羲、文王、孔子三圣殚精竭智所创造的天人之道的周易，沦为占术。这表明，他认为周易

根本不是占卜书，而是哲理书。循此基本观点，他对南蒯之占进行具体分析：

"其卦遇《坤》之《比》，而其繇曰：'黄裳元吉？黄者，中之色也；裳者，下之饰也；元者，善之长也。夫以中庸之道，守之以谦抑之心，而行之以体仁之德，以为文王之兆，无以过于此矣。虽然，君子视其人，观其德而吉凶生焉。故南蒯之筮也，遇《坤》之《比》而不详莫大焉。"

这段话，以明确的语言道破了周易的德占原则，亦即占断之吉凶在其人，在其德。如若非其人，非其德，如南蒯之流的乱臣，占得"黄裳元吉"这样表达至善的"文王之兆"，反而不祥之至。

他继续阐述说：

"夫以南蒯而得文王之兆，安得不狂惑而丧志哉！故曰：供养三德为善。又曰：参成可筮。而南蒯无以胜之，所以使后世知夫卜筮之不可恃也。"苏轼依惠伯之说，作出解释。大意是说，所谓三德，是指黄、裳、元。"黄"表中庸之道，"裳"（下之饰）表谦抑之心，"元"表体仁之德。这种高贵的品德，只有先圣文王足以当之。南蒯这样败德的之人占得文王的德兆，焉能不得意忘形，以致丧心病狂，而一败涂地？故而还是专心致志地修养三德，以求进益，是为良策。只有具备三德的人占得三德之爻，才担当得起。南蒯的为人担当不了，所以无效，从而使后代人由此看出占卜并不可靠。

接着，他又以同样观点对穆姜之占进行分析，说：

"穆姜筮于东宫，……其繇曰元亨利贞。而穆姜亦知其无以当之。故左氏之论《易》，唯南蒯、穆姜之事为近正，而其余者，君子所不取也。"（以上引号所括，均引自《东坡续集卷九·问供养三德为善》）

苏轼认为，穆姜有自知之明，知道自己的行为之恶，不足以当爻辞之吉。他并且总结说，《左传》中左丘明谈周易占筮，只有谈到南蒯、穆姜之占时，观点近于正确，其他均不可取。意指《左传》其他处谈周易，都只讲占法占验，不讲其人其德，偏于卜筮小术，不合乎仁义道德，没有价值。

苏轼上述言论，是在先秦时代惠伯所表述的德占基础上对周易的儒家道德占筮观作了进一步的发挥，并在断定周易哲理性质的同时，表明占卜不足为恃和它对道德的依附性。

源于周易中贞之道的非德勿占，在占卜史上是一种

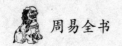

特殊的叛逆现象，而在易学史上则值得大书特书。所以千古以来周易各派，无论象数派或义理派，都予以赞成。李道平虽注重象数和卜筮，但亦借注疏抒发了道德占筮的思想。在穆姜占例的案语中，他说：

"无是德而有是占，虽吉犹凶。……姜氏以《象》辞自占，其言允矣。"

他认为姜氏是以己身恶行与象辞吉占相对比而自卜其恶果，这正是符合情理的道德占筮观。

对南蒯之占，他的案语更为尖锐、具体。他说：

"凶人而获吉占，不惟不祥，且有咎。姜氏筮《随》，犹能识此。南蒯之智，不逮（及）妇人，其及于乱，宜矣。"

他先把两个坏人的非德之占作一比较，作出结论，然后据经典之言加以批判，说：

"且少仪云：问卜筮曰：'义与？志与？义则可问，志则否。'凶人为恶，谋及卜筮，鬼神犹将诛其志，其肯道（导）人以不义之行乎！"（《周易集解纂疏》）

尊重占卜之道的李道平，并不否认鬼神对占卜的支配。但他却进一步认为鬼神也要受道德的支配，不仁义的占问，虽然法力无边的鬼神也要反对，绝不告诉人如何做坏事。他把周易非德勿占的原动力，推向鬼神也要遵守的道德准则。其实他这个观点古已有之，并不新鲜。《尚书·大禹谟》所谓"朕志先定，询谋佥同""鬼神其依，龟筮协从"云云，即含有鬼神所支配的占卜也须依人循理而行，不能妄自断定的思想。

周易循理而占，循德而占的特点，汉代思想家贾谊在《新书·道德说》中也已表述得明明白白。他认为儒家六经，都是"德之理"的体现，只是层面不同。《书》（《尚书》）是"著德之理于竹帛"，令人观阅。《诗》（《诗经》）是"志德之理而明其旨"，令人缘以自成。《春秋》是纪"往事之合德之理与不，合而纪其成败，以为来事师。《礼》是"体德理而为之节，文成人事。"《乐》是"《书》《诗》《易》《春秋》《礼》五者之道备，则合于德矣，合则欢然大乐矣。"关于周易，他的论断是，"《易》者考察人之精德之理与弗（不），循而占其吉凶，故曰：'《易》者，此之占者也。'简而言之，贾谊的观点是五经皆德，而《易》为德占。德占的办法是仔细考察问卜者的思想言行是否合乎道德之理，然后循此而占断其吉凶。这番话和本文这里所说的周易非理非德不占和循理循德而占，基本思想大致相

同。所差的，就是他似乎把周易看成合乎德之理的占卜书，而本文则认为周易是寓德与理于占筮面貌的哲学书，这一点是不同的。

在这一问题上，孔子的体会仍是最深刻的。在他看来，周易的本质是义理之书，周易的占筮也是义理之占。他所讲的吉凶，和一般占卜所说的吉凶，根本不同。他认为，周易的吉凶是"失得之象"表现于卦爻辞上（《系辞上》二章）。周易的卦爻辞完全是表达天人之道的义理，所以他把吉凶视为卦爻辞所表现的失得之象，就等于说，吉凶是德义的得失，吉为德之得，凶为德之失。孔子这种看法，和一般占卜术所谓吉凶，本质不同。一般占卜术的吉凶，是祸福之意，有福为吉，罹祸为凶，光以有利与否为标准。而孔子所谓周易的得失，则是以合德与否为准绳，亦即是非之意。这一点孔子在《系辞下》一章中讲得更明确。他说：

"吉凶者，贞胜者也。"

这句话有几种解释，来之德讲的最确当：

"贞者，正也。圣人一部易经，皆利于正。盖以道义配祸福也。故为圣人之书。术家（指占卜术士）独言祸福，不配以道义。如此而诡遇获禽，则曰吉，得正而弊焉，则曰凶。京房、郭璞是也。胜者，胜负之胜，言唯正则胜，不论吉凶也。如富与贵可谓吉也，如不以其道得之，不审乎富贵，吉而凶者也。贫与贱可谓凶矣，如不以其道得之，能安乎贫贱，凶而吉者也。"（《易经集注·系辞下》一章）

这段话解释"吉凶者贞胜也"之意，将《易》占吉凶之缘于德义，而以贞正为胜的特性，讲得明明白白，与孔子的仁学思想完全一致。同时，也在客观上把《易》占与一般占卜的原则差异，显示出来。关于这一问题，义理学派大师王夫之也作了透彻的论述。他说："《易》之为书，言得失也，非言祸福也。占义也，非占志也。"这是继承上述孔子以得失释吉凶和《礼记·少仪》占义不占志等观点，从道德修养上看待周易的占筮。他又深入解释说："《易》不为小人谋诡至之吉凶。于其善，决其吉，于其不善，决其凶。"以善恶为吉凶的标准。亦即：《易》占是依据道德趋向的原理，预示善行恶行的发展后果，从而"占事知来"。不象一般占卜那样，只计祸福利害，不问道义。他并且把《易》占与一般占卜加以对比，作出结论说："周易之占与后世技术卜占之书，贞邪义利之分，天地悬隔，于此辨矣。"

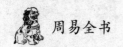

（以上引文均见《周易内传·系辞上》）王夫之这一论断，基本观点是正确的，但说法还不够严谨。应该说，不仅后世占卜术书如此，前代大概也不例外。殷商之龟卜及梦占星占和其他杂占术，都是计利不计义，问祸福而不问善恶，都是小技末术。

故此，高亨先生所谓"周易的写作目的，在于适应卜筮的要求，预测人事的吉凶""周易是一本筮书，筮是人们要预知人事吉凶，向天神请示的一种巫术"。（《周易杂论》）云云，就是单从外部形式和功能形式上来看周易，以致忽略了它的哲学本性，忽略了它以理与德为准则的占筮特点，把它和"单问吉凶不问是非"，请求神谕，依宿命占断的一般占卜术，混为一谈，不能不说是思之未深的疏漏。

程大昌曾经考察用《易》之源。他认为《易》源于河图、洛书之数，乃着重从数和占筮上讲解周易。即使如此，他也对周易持人文主义的道德观点。在"圣人不专用占，"一文中，他说：

"《易》之为书，不为卜筮设，然而无蓍以出卦象，则临事不知卦之所择也。故圣人立教之道，则常置仁义于阴阳刚柔之间，不专取成乎卦象也矣。"（《易原》卷

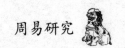

八第二十五章）

这段话的要点有三：

（一）周易一书不是为卜筮而作；

（二）以蓍数演算引出卦象，以为临事玩象观占；

（三）圣人以周易设数，主要是通过阴阳刚柔宣扬仁义。

其中，前两条表明周易的本质是义理书，而以占筮为手段。末条表明周易的占筮带有仁义设教的性质。接着，他又引用《左传》当中依据义理进行占测而皆"曲而中"（详见前文）的事例以为证明。

程氏此文，主旨是依据《易》涵和《易》用来论证义理道德为《易》占的准则。简明扼要，道破了周易与《易》占的道德特性，和孔子《系辞》当中的观点是一致的。但孔子对《易》占的道德性质，没有明确的论述。程氏之说，应视为孔子《易》学的后续发展。

在这一点上，古代高层次的占卜人士当中也有些人持类似的观点。如汉代占卜大师司马季主就讲过："夫卜者，必法天地、象四时、顺仁义。伏羲作八卦，周文王三百八十四爻而天下治。"（司马迁《史记·日者列传》）把周易的占卜提到体现自然规律、人伦纪律和治

国方略的高度，加以重视，而并不把它仅仅作为占测祸福休咎的微枝末技，加以对待。这表明司马氏这样著名占卜家，对周易及其占筮的神髓，知之甚深。在这方面，还有一个鼎鼎大名的占卜大师管辂，其言论也值得一叙。

据《三国志·魏志》记载，管辂精于《易》占，测事如神。但他与一般术士不同，不是仅仅就事占事，决疑了事；而是在占卜的同时，对求占者进行道德劝诫。

安平太守王基请管辂为他占卜。管辂从卦象测卜，指出王家会出现妇人生儿而死、床上有大蛇衔大笔及乌鸦与燕雀共斗等三个怪现象。他在表述占卜后果时，除告诉王基"三事不为吉祥"外，又劝他说："愿府君安身养德，从容光大，勿以知神奸（怪异）污累天真"（引自《管辂传》夹注《辂别传》）。把养心修德寓于占卜，以为趋吉避凶之道。值得深思的是，王基"少好读《易》，玩之已久，"但不甚了了，自从接近管辂，论《易》问卜之后，他反倒认为深不可测，以致"藏周易，绝思虑，不复学卜筮之事"（同上）。看来，为了精于卜筮而钻研周易，恐怕是南辕北辙，走错了道路。

　　管辂表现周易道德占筮特性最显著的例子，是他应吏部尚书何晏之请，占问是否可位至"三公"（太尉、司徒、司空）。何晏并说连夜梦见青蝇数十集于鼻上，驱之不散，不知何意。管辂答说：先圣辅佐明王，天下太平，是履行正道的祥瑞，不是占筮能表明的事情。他首先把问题排除于占卜界外，然后晓之以道义：

　　"今君侯位重山岳，势若雷电，而怀德者鲜，畏德者众。殆非小心翼翼，多福之仁。又，鼻者《艮》，此天中之山，高而不危，所以长守贵。今青蝇臭恶而集之焉。位峻者颠，轻豪者亡，不可不思害盈之数，盛衰之期。是故，山在地中曰《谦》，雷在天上曰《壮》；《谦》则哀多益寡，《壮》则非礼不履。未有损己而不光大，行非而不伤败。愿君侯上追文王六爻之旨，下思尼父（孔子）《彖》象之义，然后三公可决，青蝇可驱也。"（同上）

　　这样，管辂专就青蝇集鼻的梦兆，以周易《谦》《壮》二卦之象，从道德上加以分析，对何晏作了教诫，并无一语涉及占卜。对此，与何晏共坐的丁飏觉得奇怪，便问："君见谓善《易》，而语初不及《易》中辞义，何故也？"管辂应声答说："夫善《易》者，不论

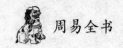

《易》也。"这句话，和荀子所谓"善为《易》者不占"之意，一脉相通，含义很深。大意为《易》者天人之义理，谈义理等于谈《易》，无须在义理之外更论《易》义及《易》占。何晏对此似乎有所领悟，于是"含笑而赞之：可谓'要言不烦'。"同时对管辂上述告诫，表示感谢，说："'知几其神乎'？古人以为难。交疏而吐其诚，今人以为难。君今一面而尽二难之道，可谓'明德惟馨'。"（《同上》）何晏不愧为一代名士，能以"知几"与"明德"融为一体来对待管辂的道德《易》说与道德《易》诫。虽然他未能急流勇退而终召杀身之祸，应了管辂的占测，但他对管辂之言的理解，却可谓合乎《易》占的个中三昧。

上述管辂论《易》和行占的史例，虽属个别的事例，但却小中见大，生动地表现出周易以德义为占的特点和优越性。

以德为占与以理为占相结合，形成周易占筮的基本特性，它与其他占卜截然不同之点，主要在此。其他占卜以神为占，听从神命神定，不以德理为准。《易》占也讲神，但不是其他占卜所讲的主宰命运的人格神，而是孔子所说的"阴阳不测之谓神"（《系辞上》五章），第一揲於小指間初五則九　第二揲於中指間　第三揲於食指間皆不四則八。

五　四　四　此係三少計十三　第四十九中除十三餘三十六即四九之數也為老陽。

九　八　此係三多計二十五　第四十九中除二十五餘二十四即四六之數也是謂老陰。

九　八　四　此係二少一多計二十一　第四十九中除二十一餘二十八即四七之數也見謂少陽。

九　四　少陽

九　八　四　少陰

五　八　八　正係為多一少共計二十一　第四十九中除二十一餘二十八即四七之數也見謂少陰。

九　四　四　少陰

五　八　四　近係兩少一多共計十七　第四十九中除十七餘三十二即四八之數也是為少陰。

五　四　八　少陰

揲蓍之法图，出自元·张理《大易象数钩深图》。

揲蓍为古代占卦的一种方法

是指揲蓍求卦过程中莫可测定的偶然性而言。亦即经过四营十八变的蓍数运化，是阴（偶）是阳（奇），只能偶然适会，事先谁也无法测定，这种人智所不能预料的几遇，叫做神。与一般所谓鬼神之神，根本不是一回事。但另一方面，从《易》占的整个过程来说，"神"这个步骤又是必需的一个环结。正如上述程大昌所说，蓍数是"以出卦象"的手段。不过，它的功能也仅此而已，对《易》占的性能与意义并不起决定作用。如上所述，起决定作用的，是与理融为一体的德，"神"不过

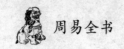

起一种导入与启发、近似"几"的作用而已。故此，在《易》占三个环结"占之以神、占之以理、占之以德"当中，前者虽起导入作用，但归根结底要以后者为基准。凡是违背后二者的，都被《易》占视为无效。穆姜和南蒯的占例，便是明证。——纵然"神占"导入上好的卦爻，结果仍由于违反理占德占而无效。

但是反过来，只有结合事态观象玩辞，以理德为占而弃神不用，是否可行？依据述孔子所谓"不占而已矣"，荀子所谓"善于《易》者不占"，以及管辂占卦言不及《易》，只凭义理等论事的史实来说，无神之占，在周易来说，是可能的，有过的，有效的。它体现出真正的《易》占的深层的精髓，可以说，这是最高层次的占，只有深通事理而又精于《易》道的人物，才能有这样的本领。

未占有孚

前述占的两重性，表面上是谈孔子的易学思想，实际上是谈周易内涵在孔子思想中的反映。孔子在《系辞》里所讲的人谋与鬼谋，除在《尚书》洪范篇里可

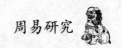

以找到其来源外，在周易中也可发现其温床。

占是周易的面貌，也是周易的用途之一。孔子说它是周易的四道之一，即是指它的面貌及其用途。除了揲蓍求卦的筮法是外加的，可以不计外，单就其文辞，特别是占辞，如吉、凶、悔、吝、利涉大川之类来看，周易就呈现出占筮的面貌。尽管如此，但仔细观察起来，在这个占筮的面貌背后，却蕴涵着积贮于辞、变、象之中的渊奥的天人之道。天人之道是世界的普遍法则，据以测事，有其推理的必然性，乃是人谋。但占筮之术却凭着数的适运求卦，属于偶然的性质，是为鬼谋。正如王夫之所说，"神祠之莛卜也，何承天之棋卜也，火珠林之钱卜也，皆听其适然而非有则也，尊鬼之灵以治人……"（《周易外传·系辞上传》第四章）。适然即偶然，则即法则。尊鬼之灵即尊重鬼谋的偶然适会，借以测知未来。一切占卜皆是如此，《易》的筮占当然也不例外。这样，周易便是以偶然性的鬼谋面貌，蕴涵必然性的人谋之道，把性质不同的两种东西统合成一种东西。然而在测事致用的功效上，人谋总是高于鬼谋。鬼谋的应用范围及其可靠性，大大低于人谋。也许由于这个原故，周易通篇不涉及占验，亦无占验之例。孔子从

不谈占验及其实例，恐怕也是来自对周易的体会。如前所述，精通《易》理的人，遇事无需占筮，只要"观变玩占"，便可彰往而察来。国学大师章太炎于此深有感悟，他说："传曰：'夫《易》，彰往而察来，开物成务'，六十四序虽难知，要之记人事迁化，不越其绳，前事不忘，故损益可知也"（《易论》）。前述诸葛孔明能预见立身行事的损益，就是依据文王藏于《乾》卦中的历史人物的经验教训。周易"辞、变、象"本身，也充分地表明这一"不占之占"的特性。例证很多，俯拾即是。《乾》初九之"潜龙勿用"，上九之"亢龙有悔"，《坤》初六之"履霜坚冰至"，六四之"括囊，无誉无咎"；六五之"黄裳元吉"；《蒙》六之三"勿用取女，见金夫，不有躬，无攸利"；《师》《彖》之"贞，丈人吉，无咎"，初六之"师出以律，否臧凶"；《泰》九三之"无平不陂，无往不复，艰贞无咎"，等等，等等，"都是久经历史考验的人事法则，当其时、当其事，顺之则吉，逆之则凶，借以推测事变，当可收知来的效验，较之"偶然碰撞"的占筮，其高明实不可以道里计。因此，从周易的发展史来看，它之所以为六经之首而日益发扬光大，并非由于占筮的功用，而是由于占筮面貌背后所蕴涵的彰往察来的哲理功能。整个周易具有两重性，既可用于鬼谋的占测，又可用于人谋的推测。就这一点来看，说周易是中国上古时代的独特的未来学，也未为不可。

最有趣的是，朱熹等视为占书的周易，其中却含有勿需占卜的思想，那就是《革》卦九五爻辞"大人虎变，未占有孚。"《革》卦的内涵是变革，正如孔子在《彖》传中所歌颂的那样，"天地革而四时成，汤武革命，顺乎天而应乎人。"九五的辞象，是描写一个伟大的圣人为除弊济世而进行政治变革，以阳刚中正之德，居于尊位。推陈出新，光辉灿烂，其文彩之焕然一新，如虎之健而且美。这种顺天应人的新政变革，已经过民众的认可（六二"巳日乃孚"），与众人反复商讨过的（九三"革言三就"），其正确性受到民众的信任，已不成问题，所以不需要占卜。张载所说的"不卜而孚，望而可信"（《横渠易说·下经·革》），正是《革》九五"未占有孚"的涵义。"未占有孚"虽是简单的"四个字"，却蕴藏深厚的内涵，从中透露出周易对占筮的态度。在周易的思想中，第一，不占而孚表示占筮的应用是有限度的，不是任何事都是占筮的对象。就是说，不言自明、不问可知或已成定局的事情，不需要占卜。众所周知，宇宙人间的万事万象虽纷纭繁杂，变化无穷，但社会生活中不言自明之事与不问可知之情，却占大多数。诸如昼夜的循环，季节的转移，政治的运行、生产的活动乃至人伦的互动，等等，一般情况下都依一定规律、规范进行，秩序井然，杂而不乱。不出新问题便无需占卜。相比之下，疑而待决的事情，毕竟是少数大事。就国家来讲，诸如天灾、人祸、战争、外交、政变、民生之类；就个人和家庭来讲，诸如进学、修业、生计、婚丧之变；只有这类命运攸关的大事，而且是疑而不决的，才值得占卜，以测吉凶而寻求前进之计。《周礼·筮人》所谓"凡国之大事，先筮而后卜"，即是此意。其中有些虽是大事，但后果明显，不成问题的，荀子所谓"以贤易不肖（以贤臣代替劣臣），不待卜而后知吉"（《荀子·大略篇》），便是这种事情，也无需占卜。有些关于前途命运的大事，早已定局的，也是如此。如李白《送友人入蜀》诗中所谓"升沉应已定，不必问君平"（严君平为汉代占卜名家），就属于这类事情。还有些大事已箭在弦上，不能不发的，也只能一发了事，不待占卜。至于志士仁人之洁身自好，贞固不移者，其前途祸福，更无需占卜。前述屈原《卜居》所谓"用君之心，行君之意，龟策诚不能知此事"，便是最好的例证。

依据上述，从"未占有孚"的爻辞可以想见，在周易看来，占卜的对象有一定范围，不是凡事都需要占卜。

其次，"未占有孚"的爻辞还透露出一个关键性的重要信息：在周易看来，奋斗胜于占卜，人谋胜于鬼谋。这一点，整个《革》卦表现得很具体，整个周易表现得更清楚。

《革》卦的全部卦爻辞，从头到尾都在论述政治变革获得成功的大道理。卦辞"已日乃孚，元亨利贞，悔亡"，大意是变革的关键在于获得民众的信从，变革顺天应人，除弊立新，民众信从，遂成大通局势。然必坚持正道，始利于变革而无悔恨之虞。这段话表明了《革》卦的卦义，揭示出政治变革的指导方针。初九之"鞏用黄牛之革"（以黄牛之皮包扎），比喻变革之初，要谨慎准备，不可妄动。六二之"已日乃革之，征吉，无咎"（时机已至，开始变革，奋勇前进，吉祥无咎），说明变革的时机与决心的重要性。九三之"征凶，贞

厉。革言三就，有孚"（前进，凶。坚持下去，危险。要暂停下来。对变革策略反复研讨，然后施行，始可获得民众的信从），这是强调变革过程中要注意检查成效而慎重调济策略。九四之"悔亡，有孚改命，吉"（变革即将大成，悔恨消亡。受到民众信赖而革命创制，吉祥），表示变革要依民众信赖而期其大成。九五之"大人虎变，未占有孚"，喻示新政光辉灿烂，德信彰著。上六之"君子豹变，小人革面。征凶，贞吉"，是说变革后君子的面貌也焕然一新，犹如斑豹皮文之蔚然变新。庶民也改变倾向，顺随新政。此时，继续前进，则有凶险。静居守正，可获吉祥，就是说改革成功之后要注意守成，防止冒进。六位爻辞，以比喻加告诫的方式，阐明了变革各个阶段的行动方针和注意要点。总观全卦，完全是讲变革之理与变革之计，完全属于纯理性的人谋，并无半点灵感的鬼谋。同时九五爻辞又以"未占有孚"的论断，表明人谋为成功之母，人谋之成就，无需鬼谋，人谋胜于鬼谋。所谓"谋从众，则合天心"（《引自程颐《易传·损》六五注》），合于天心，当然胜于鬼谋。

周易的卦辞爻辞，从头到尾，没有一处直接涉及占筮行为和占验事例。只有一个明面的占字，还是讲的"未占"。《系辞》和《说卦》所谈的筮数、揲蓍以及取象等，是外加的解释材料，不属于经文本身。虽然《巽》九二之"巽在床下，用史巫纷若，吉无咎"（以阳刚退居阴位，如伏于床下，过于自卑。但如能效史巫以诚心盛言沟通人神，申命行事，自可吉而无咎），其中的"史"大约指卜史（按《周礼》，史掌占卜），但那是曲折地借譬喻理，表达申命行事的巽顺之情，与占卜并无实际关系。此外，还有《损》《益》二卦爻辞涉及卜龟，但也不是讲占卜和占验的。反之，极有可能是对占卜功能的轻视。具体情况是，《损》六五爻辞和《益》六二爻辞基本相同，主体都是"或益之，十朋之龟弗克违"，前者断为"元吉"，后者断为"永贞吉。""吉"的理由是，《损》之六五，处于尊位，以柔顺的性体，虚中自损而与下位的六二阳爻相应，表现出身居尊位而屈己待人的作风。如此，必将得到众人拥戴，因而受益，这是必然之理。纵然是宝贵的十朋之灵龟（用来占卜），也不能违背。《损》《益》相伴，《损》倒过来即是《益》，《益》六二相当于《损》六五。六二以柔顺之体处于中正的下位，虚心从众，且与尊位九五遥

相应合，如此行事必将受益，也是必然之理，纵然灵龟之卜，也不能违背。侯果谓之"人谋允协，龟墨不违、"崔憬谓之"龟之最神贵者以决之，不能违其……义"、程颐谓之"众人之……公论必合正理，虽龟筮不能违也"，等等，一些名家作如是解，大意相同。虽然此外还有别解，但此解甚合《易》义。倘此说为正解，则表现出周易经文本身对占卜的效能并不持迷信的态度，而具有人谋为主，人谋胜于鬼谋的思想。

由此看来，孔子似乎对周易的此种精神有所领悟，他所谓"不占而已矣，"说不定也许如《四书集注》所说："君子于《易》，苟玩其占，则知无常之取羞矣。其为无常也，盖亦不占而已矣"（杨氏注）。意即无恒者必将蒙羞，不占可知。另外，在《系辞》和《说卦》中，孔子在大讲《易》理的同时，虽对占筮也作了介绍和赞颂，但说来说去只是一些空话，如同《易》文一样，具体的占例占验，毫未触及。其原故，如从周易所蕴藏的人谋胜于鬼谋的精神中去寻找，自然会得到正确的答案。

纵观六十四卦上下经全部象辞及其演变，无一处一时不在表现义理，包括占（断）辞在内，亦复如是。周易占辞是义理推演的结果，有的是依法则而推出的结论，如《师》初六爻辞中的占辞"凶"是依据"师出以律，"的军事法则推出的必然论断。有的则是依据规律而作出的诫语。如《泰》九三之"艰贞无咎，勿恤其孚，于食有福"，是依据"无平不陂，无往不复"的事物动动规律而作出的告诫。《同人》六二之占辞"吝"（羞辱），是表现"同人于宗"的偏狭行为将会造成的恶果，也是警告之辞。如此等等，贯通全经。其占辞中的结论也吧，诫语也吧，都是来自天人之道的经验教训，来自依照规律的推论，没有一个单纯来自占卜。即使是揲蓍求卦而作出的占断，也都以天人之道的义理为推算的前提。周易有"自天佑之"的占辞，但没有"自占告之"的占辞。

从卦名看，也是如此。纯阳卦之所以名《乾》，纯阴卦之所以名《坤》，水雷象之所以名《屯》，山水象之所以名《蒙》，水天象之所以名《需》，天水象之所以名《讼》，地水象之所以名《师》，等等等等，六十四个卦名皆含理性的象义，而不含非理性的占卜之义。

综上所述，可作出如下论断：周易虽有占筮的外貌可用于占筮，但它理性思维的母体绝不是诉之于占卜的

鬼神，它的躯体（象）和精神（义）乃是理性的产物。在辞、变、象、占四个圣人之道中，前三者属于人谋，是它的主体；后者属于鬼谋，居于人谋之后，是人谋所控制的成分。鬼谋不是周易赖以建立的主体，倘若以鬼谋为主体，则周易全部象与辞及其所蕴涵的全部义理都将成为多余的废话。

占术粗疏

　　江湖术士为了炫奇猎钱，故意把周易的占卜说得神乎其神。一般人不深知周易，也茫然以为周易的占卜灵验如神，实际上并非如此。如果抛开义理不论，单就占卜技术来说，无论在测事的信息框架上，在信息关系的分析上，或测验的概率上，周易的古占术和在此基础上发展起来的高级占术（如"火珠林"）相比，便显现出幼稚而粗劣的状态。

　　首先，关于揲蓍占卦的方法，据《周礼·春官》记载，有九种之多。所谓"巫更"、"巫咸"、"巫式"、"巫目"、"巫易"、"巫比"、"巫祠"、"巫参"、"巫环"等，早已失传，《系辞》所介绍的只是残余的一种。这

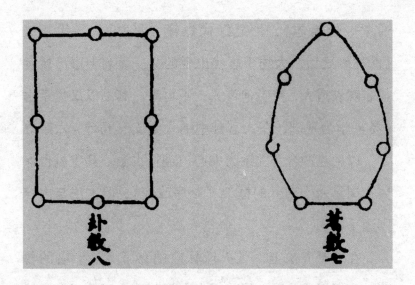

蓍卦之德图，出自元·张理《大易象数钩深图》。蓍，
即蓍草，周代后取代龟甲用来占卜的工具

种筮法过于繁琐、笨拙。舞弄四十九根蓍草，揲蓍求
卦，经四营十八变才能成卦。其间，还要作出准确的记
录，潜心诚意，又费事又费时间，应用起来，很不方
便。如果说，殷之灼龟观兆而卜过于繁杂，周之以蓍代
龟，易繁为简，是占卜行为发展的必然趋势，那么，再
往前发展下去，伴随其在民间的普及，占术求卦方法的
进一步简化，是必不可免的。卜书《火珠林》便是一个
典型例证。

　　《火珠林》一书，见于《宋史·艺文志》与《文献

通考·经籍志》，是继汉代焦赣《易林》、晋代郭璞《洞林》之后，大约于唐代出现的又一著名卜书。撰者托名麻衣道人，究竟何许人，不可考。其书以汉代京房《易》学为基础，在八宫卦中纳入干支、五行、六亲等等，以生克冲合等关系为中心，进行占测。其中虽也保留了周易六十四卦的框架（卦序改变），但占法与内容则迥乎不同。

在求卦方法上，《火珠林》抛弃了《易》占的蓍草，改用铜钱。以一钱代四十九根蓍草之四营，掷三钱得一爻之象，减十八为六，节省时间三分之二。不但省时省事，而且心志易于专贯不懈。方法简便，而与揲蓍求卦的数理，并无差异。唐人江南曲有云："众中不敢分明语，暗掷金钱卜远人"（引自《说〈易〉会通·总论》"焦京〈易〉学"章），可见掷钱求卦较摆弄蓍草，大为简便。所以，钱卜出现之后，蓍占便逐渐消退。士大夫阶层之好古者偶或恋于揲蓍，也为数不多。如朱熹的讲求筮法，不过是学究式的书斋现象而已。所以，虽然守旧的人物反对钱卜，"以为后之卖卜者，务求简便，失揲蓍之本意"（同上），但这是一种保守的偏见。因为，正如杭辛斋先生所说："……揲蓍……殊非易易，及易之以钱，……庶心志不纷，精神易贯，而阴阳变化仍有合于大衍之数，而得《乾》元统天之义。是以，后世习用不废"（《学易笔谈》卷二《火珠林》）。就是说，以钱币之向背代替蓍草之奇偶，其阴阳变化仍合乎"大衍之数五十，其用四十有九"（《系辞上》九章）的数理，方法简易灵便，而功能依然如故。杭先生这一观点是正确的，周易之揲蓍求卦，在占术上确是繁琐而笨拙的，改用钱币，应当说是一种进步。杭先生依据他的观察，又说："间有好古者，遵用蓍策，而效反不著。"就是说，新法通行之后，有人再用旧法求卦，效果反而并不明显。杭先生认为，这是由于"素未习用，心手既不相应，精神自难专一也。故卜筮实精神之学，未可专以形式求之焉"（同上）。他把蓍占不及钱卜的原因，归之于手法不熟，心志难一。是否如此，尚待研究。但周易占法的繁琐不便、笨拙滞后，却于此昭然可见。

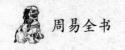

观事绎卦

　　在占卜的命卜、求卦、定卦、绎卦和断卦的五个环节中，绎卦是起决定作用的中心环节。在这个环节上，周易的占卜也表现出一种粗陋的早期状态。关于周易揲蓍求卦的方法，孔子在《系辞》中作了较为详细的介绍。但定卦之后如何绎卦，即如何占算，却付之阙如。《说卦》虽有所涉及，但也是零零星星，语焉不详。后人对周易绎卦的具体方法，只能从《左传》《国语》的筮例中，窥其大略。这两部文献只讲述了十六个筮例，涉及的绎卦法残缺不全，所以周易原来如何在求卦定卦后联系命卦之事对卦象及其文辞进行分析推绎，以为断卦之需一点，后人只是略知一二，并不知其全貌。朱熹等学者所拟制的周易筮法，不过是依据《左传》《国语》筮例的片断资料，加上自己的推理所作的东西而已，距离原状，差异恐怕很大。

　　如前所述，依文献的记载来看，周易的筮法有超出占卜而以德理占断者，如穆姜、南蒯之筮占。还有联系事况而引用卦理作出推断者，如《左传》宣公十二年晋国知庄子引《师》初六"师出以律否藏凶"，推断彘子违反军纪必败之类。这类东西虽与周易相关，但不属于真正占卜的性质，不在《易》占的范畴之内。在探讨周易绎卦方法时，可以置之勿论。此外，还有一种几乎全据观察情势作出占断，而只以占卦为参考的，实质上也不算本格的占卜，在这里也可以另作别论。例如《易雅》作者赵汝楳所说的占筮：

"夫儒者命占之要，本于圣人，其法有五：曰身，曰位，曰时，曰事，曰占。故善占者，既得卦矣，必察其人之素履，与居位当否，遭时之险夷，又考所筮之邪正，以定占之吉凶。"大意是说，周易之占卜，不是仅仅按卦断事，而是得卦之后，要考察问卜者的身份、品行（素履）、地位、时势、问题等客观情况，然后参考卦情，占断吉凶。作者又举出《左传》所记卫国大夫孔成子为立君而筮、南蒯将叛而筮、晋文公筮有晋国等三例以为证明。兹先引其首例，以见一斑。

"姑以卫孔成子所筮论之"（《左传·昭公七年》）。

"孟絷与元皆嬖人婤姶之子。则身也（身份）。孟

长，元次，则位也（地位）。襄公死，社稷无主，则时也（时势）。筮享卫国（筮问谁应享有卫国），则事也（占卜的问题）。筮元得《屯》，筮孟得《屯》之比。则占也（占卦）。"

"夫继体为君，将主社稷，临祭祀，奉民人，事鬼神，从会朝，而孟不良能（而）行，成子虽不筮可也。疑而两筮之，皆得'元亨。'觉史朝以'元'为长，昧非人之义，而吉孟之占，是使跛辟为君，而著失其所以灵矣"（括号内语系笔者所加）。

这段话首先指出《易》筮的五个要素。前四个为卦外的有关事宜，只有末一个是所占的卦。继而论述说，卫襄公长子孟絷和次子元，在襄公死后哪一个继位为君成了问题。孟絷虽是长子，但足有残疾（所谓"非人之义"即指此而言），难以主持国政。这本是明显的道理，无需占筮。但孔成子疑而不决，遂两度占问，以求决疑。结果首卦得《屯》，卦辞为"元亨，"另一卦得《屯》之《比》，卦辞亦为"元亨"。孔成子释"元"为长，释"亨"为"享"（牵强附会），以为依卦辞应为"长子享国"之义，便征求史朝的意见。史朝则认为卦辞

"元亨"是说次子元享有卫国。并解释说，孟絷是个跛子，不可谓"长"。跛子不能主宰国政，应立元为君。史朝意见是正确的，倘若史朝把卦辞的"元"解为"长"不管残疾难以主政之理，以孟絷之占为吉占，那便是使跛子为君违反情理，周易的占筮也便丧失"灵验"的根据了。

总而言之，这段话的要点可归结为二：一是依据具体情况而论，应该如何不言自明无需问卜。二是必须符合情理，否则无效。归根结底等于说事态事理决定前途的吉凶，占筮须服从之，始有效验。

为了深入阐明此理，作者又进一步引用《左传·闵公元年》毕万筮问在晋国为官前途如何的史例，与孔成子筮问立卫国君的史例对比，做了如下论述：

"孔成子筮立孟，得《屯》之《比》，毕万筮仕，亦得《屯》之《比》，……非卦同而占异也。立君与仕事之重轻已殊，孟絷 毕万之身与位、时又殊，虽使百千万人同得此卦，其占乌乎可同!"

大意是，孔成子为立君而筮，毕万为作官而筮，二人都得《屯》之《比》卦。但国君嗣位较之个人为官，

轻重悬殊。问卦者的身份地位、时机又完全不同，所以，即使百千万人同得此卦，其吉凶的占断焉能雷同?!

这一段对比的申述，把《易》占服从事理之五点情由，表达得非常清楚。

但是，从根本性质来说，占卜是以特定的法术独立地对事情的前景作出预测的行为。它的本义是"视兆以知吉凶"，不是视事以推吉凶。如果它以事情的情况如何为转移，完全以义理为准而断吉凶，那就等于以非占为占，造成占卜的自我否定。因此，文献虽有《易》占的此种实例，表现出它的超凡的特点，但严格地说，却不能算作真正的筮法而纳入《易》占的方法论范畴。在探讨《易》占的绎卦方法时，这类以非占为占的筮法应予排除。

占法大略

下面，对《易》筮本身的占法试作探察。

凡是占卜，其占算方法都要以其信息结构为基础。《易》筮的信息结构是由六十四卦三百八十四爻的数、辞（含卦名）所形成的网络。对求得的卦象、爻象、爻数及其文辞的象征意义和内涵意义，按一定规则，联系所占问题进行分析，以为占断吉凶创造条件，是占算的主要方法。《左传》《国语》所传十六个筮例的占法，就是这样的。分类言之，概况如下：

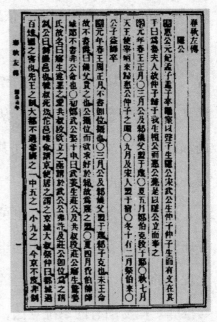

《春秋左传》书影，《左传》中有大量古人利用《周易》占卜的记载

（一），只绎文辞，不及象数

前举《左传·昭公七年》卫大夫孔成子筮问立君，得《屯》之《比》卦之例，便是主要截取《屯》卦卦辞"元亨利贞，勿用，有攸往，利建侯"当中的"元亨"二字，结合事态进行绎算，并未涉及卦象爻象爻数等方面。前举南蒯筮例，也是这样。筮得《坤》之

《比》，五爻动，由阴变阳，依筮法，要占绎《坤》卦动爻爻辞，以断吉凶。《坤》六五爻辞为"黄裳，元吉"，南蒯以为大吉，便是据辞而断。惠伯则细绎爻辞涵义，对比事态，断为不吉。从占法的角度来说，这两例都是只占爻辞，不占象数（其依德理占断，是另一问题。此处单就占法而言）。

这种占法是最简单的，也可谓最原始的。彷佛后代寺庙流行的神签，从签桶中摇出竹签之后，只要看竹签上现成的签语，就凭以预断吉凶祸福，不必作任何占算与推绎。周易固有的系统筮法，已经失传，详情不得而知。但据上述筮例来看，可以推想，揲蓍起卦之后，只绎文辞涵义便据而占断，大约是春秋时代以前《易》占常用的最基本的绎卦方法。无妨说，它的简略性表现出它在占卜术发展史上早期的未成熟性质。

（二），只绎卦象，不及文辞

例一：《国语·周语》

晋成公客居于周。晋国赵穿弑晋灵公，迎成公返国继位。周国单襄公在病中对儿子顷公说：

"成公之归也，吾闻晋人之筮也，遇《乾》之

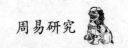

《否》。曰：'配而不终，君三出焉。……'"

意思是，关于成公返国继位一节，听说晋人为之占筮，得了《乾》之《否》卦（《乾》卦下三爻皆动，阳变为阴，成《否》卦）。《乾》为本卦，《否》为之卦，合称《乾》之《否》（凡言"某卦之某卦"，义皆仿此）。其占断是，配天为君，不能有终，成公继位后，将有三次离晋奔周。

这个占断完全来自对卦象（包括爻数）的分析。本卦是《乾》，据《说卦》关于筮法的介绍，《乾》是天和君的象征。《乾》卦纯阳，其上卦为天，下卦为君，合起来看，表现出国君配天之象。今《乾》卦下三爻动，变阳为阴，成《坤》地，全卦遂变为《乾》之《否》（《乾》夬→《否》姤）。而《说卦》讲，《坤》卦为地，为臣；《乾》变《坤》，表现出君变臣之象。同时，三爻皆变，于数为三。这一卦象爻数之变，意味着成公返国为君，与天相配，不能维持到底。将要三度离晋奔周，舍君为臣。这是只据本卦与之卦的卦象之变和爻数之变推绎占算而测定吉凶，并不涉及卦名卦辞和爻辞。

例二：《左传·庄公二十二年》

"陈厉公生敬仲。其少也，周史有以周易见陈侯者。陈侯使筮之，遇《观》捯之《否》跮。曰：'是谓观国之光，利用宾于王'。此其代陈有国乎?! 不在此，其在异国，非此其身，在其子孙。光，远而自他有耀者也。《坤》，土也。《巽》，风也。《乾》，天也。风为天于土上，山也。有山之材，而照之以天光，于是乎居土上，故曰'观国之光，利用宾于王。'庭实旅百，奉之以玉帛，天地之美具焉，故曰'利用宾于王。'犹有观焉，故曰'其在后乎'！风行而著于土，故曰'其在异国乎'！若在异国，必姜姓也。姜，大岳之后也。山岳则配天。物莫能两大，陈衰，此其昌乎！"

这段史实的大意是说，陈厉公生子敬仲，幼小时，周王朝史官以精于周易而晋见。厉公叫他占卦以卜幼儿前途。揲蓍求卦后，遇到了《观》卦，六四爻动，变为《否》卦，是谓《观》之《否》。史官绎卦说：《观》卦六四爻辞为"观国之光，利用宾于王。"这句爻辞显示，将来敬仲的后代代替陈国在异国执政，但不在本国，也不在敬仲一代，而在敬仲的子孙身上。观国之光的光辉，是从远方照耀而来。为什么这样占断？因为《观》卦由《巽》《坤》组成，而《坤》象为土，《巽》象为风，六四爻由阴变阳，则《巽》变为《乾》，成《否》卦。《乾》象为天，《巽》变为《乾》，是风变成天。下面是《坤》土，是土上的风变为土上的天，土上之高天，有山岳之象。同时，《否》卦跻二、三、四爻为《艮》，也呈现山象。整个卦象既有山岳的资材，又有天光的照耀，如此而居于大地之上。有此种景象，所以说，"观国之光，利用宾于王"。《乾》象君，《坤》象臣，《乾》下有《否》卦，有大臣朝见国君为国君宾客之象。诸侯朝见天子，奉献礼物，有金玉（《乾》为金玉）布帛（《坤》为布帛）等贵重物品，堆满于门庭，是天地合谐、君臣相得的美好形象。再从本卦《观》来看，观有瞻望未来之义，它表示这种"观"国之光，利用宾于王的美好景象，恐怕是后代子孙才能享有。为什么要在异国得志呢？因为卦象显示，风（《巽》）流动起来之后始着于土地（《坤》）上，是指远方而言。若是远方异国，一定是姜姓的后裔。因为姜姓是大岳的后代，而《观》卦的三、四、五爻和《否》卦的二、三、四爻都

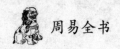

是《艮》的山岳之象。山岳高大，与天相配，气势昌盛，宏运无匹。但事物的发展有其定律：不能两全其美（两大）。所以，敬仲之后既能得国于异地，则陈国相对必将衰弱下去。

以上是周史对《观》之《否》卦的绎释与占断。总起来看，有如下几个要点：

1. 联系陈国及他国情势，结合本卦与之卦进行绎算；

2. 依据本卦《观》卦卦名及动爻爻辞进行绎算；

3. 以本卦动爻爻辞为中心，对卦变的象义和之卦的象义进行绎算，而以之卦的象义为重点；

4. 从之卦《否》卦的结构中找出类似汉人所谓"互体"之象（《艮》），以扩展绎算的范围；

5. 以上述四点为基础，加以推绎引申，作出占断。

穿凿而汗漫

这一占例的绎算方法，在古代文献的遗存中，比较起来，是相当具体而完整的一个。除了对卦名爻辞卦象的分析较为深入之外，类似互体的绎算法（《左传》杜预注云："自二至四有《艮》象，《艮》为山）。在古文献中极为罕见。后代学者，据此占例证明春秋筮法中已有互体之用，不为无因。有人认为，此占例中的互体《艮》，取自之卦《否》，以之卦之象为准，似是舍本卦而取象于之卦，有背于《易》占绎象皆兼顾本之二卦之常法，不足为准。但仔细观察，此筮例中不仅之卦《否》的内部结构中涵有《艮》之山象，其本卦《观》亦复如此。当时纵然尚无汉人所谓互体之称，却已有互体之实，这是不容否认的事实。如果说此占例的绎算法为互体的伊始，也许未为不可。

　　《左传》《国语》所载周易十六个筮例，其占法大体如上二例所示，不外乎联系所卜事情对卦名卦辞爻辞、爻数卦象包括互体，进行分析推绎，借以作出吉凶的占断，如此而已。情况很明显，周易占法受到本身形式与内容的限制，只能在六十四卦的框架内，运用象、辞、数等所提供的象征性的空泛信息，结合事态，进行绎算，而缺少具体的时空要素、严格的条件和细密的规则。所以占算过程表现出散漫性和随意性乃至想象性；

而为了占断吉凶，又不可避免地产生牵强附会、生搬硬套、七零八碎、勉强拼凑等弊病。细看古文献所记筮例，无一不是如此。前举各例，可为明证。前述《左传·昭公二年》南蒯筮遇《坤》之《比》，六五爻辞本为"黄裳，元吉"，黄裳为喻示善美的辞象，元吉为表明辞象性质的占辞，亦即大吉之意。但惠伯在占算时，却把元吉二字分开，单讲元字，说"元，善之长也"，这种打碎原文，任意解释的占法，（所谓"别解"）和周易《坤》五爻辞的原意，完全不合。《左传·昭公七年》孔成子筮问卫国立君，遇《屯》之《比》一例中，孔成子和史朝二人在占算时，为了应合立君的筮问需要，都从《屯》卦辞"元亨利贞，勿用有攸往，利建侯"三句中随己意截取"元亨"二字，任意加以绎算。更有甚者，为了联系贞问事态，作出占断，还进一步随心所欲地把"元亨"的亨字，窜改为享字，以便把卦辞"元亨"（大通）解释成"元（人名）享有卫国"或"长子（元）享有卫国。"如此，以断章截句、窜改文字之法，进行占算，既背离周易卦辞的本义，也失去了占术应有的一定之规，使占法与占断因人而异，无法控制，以致丧失占卜本身"定性"这一本质属性，成为类似一种缺少规则的不完备的占测游戏活动。至于《左传·庄公二十二年》周史为陈厉公小儿前途所作的占筮，情况也大体近似。围绕《观》六四爻象之变及其爻辞乃至《否》象所作的分析和推绎，表现出一定的情理和逻辑性，也合乎周易卦象的占算理论，但仅据《观》名的观瞻意义，就推绎出得国在后代，仅据风之流动于他地而推绎出得志在异国，实属随意"上纲"，恣意衍申，不讲情理，不着边际。尤其最后，竟而硬把《否》所含《艮》象和山岳后裔的姜姓凑到一起，据以推定异国必为姜姓之后，更令人痛感这完全是牵强附会，生拉硬扯。本来占卜虽属于通神的巫术范畴，但较高的占法也有一定的逻辑性，否则不成其为数术。但此种筮例的占算，却脱离了占卜数术的逻辑性，凭想象随意云云，以满足问筮的需求。从这些占筮的史料中，无论怎么探索，也找不出所谓先圣文王所撰这部占书在占绎法上有什么高明之处，也不会从如此粗陋散漫的占术中感到它会有什么较高的应验性。这一点，即使力主周易本是文王为教民占筮而作的占书的朱熹，也有同感。他不无感慨地说："……此书（指周易——笔者）本为卜筮而作，其言皆依象数以断吉凶。今其法已不传。诸儒之言象数者例皆穿凿附会。言义理者，又太汗漫"（《朱子大全》卷六十《答刘君房》）。他认为周易本来是文王在伏羲所画八卦基础上所撰的占筮之书，原有高明的筮法，依象数以断吉凶。但其法早已失传，后人只好凭臆想而自创占法，推绎象数，以为占断，但都表现为牵强附会，不合情理。他这种感觉是正确的。但是他把上述古文献所记周易筮例占法（包括汉儒象数派筮例占法）恣意穿凿之弊，归罪于旧法失传，却未免失之苟简。如上所述，周易的信息框架，由象、数、名、辞等成分构成，占算时只能在此框架范围内联系事态，对这些成分进行分析、占算，别无他途。即使文王再生，恐怕也只能如此。况且，《左传》《国语》所记史官率皆专业的占卜大师，对旧法不能一无所知，对《易》筮的占算技术，无疑是精通的。他们对象数名辞的绎释之所以如上述各例那么牵强附会，恐怕就不能归罪于方法本身，而要从产生方法的信息框架的局限中去寻找所谓"例皆穿凿附会"的客观原因了。故此，从根本上说，言象数皆穿凿附会之责，不仅在言象数者，也在象数本身。另外，朱熹所说"言义理者又太汗漫"（宽泛），是对的，因为义理属于规律之列，其应用的宽泛性是正常现象，不可避免。但仔细看看，这个"汗漫"实不止于义理（表现为文辞），象数方面何尝不如此?! 由于象数、文辞宽阔、空泛，故而其占法也便难免汗漫，可以任凭占师随意附会，广泛引申：由卦辞的元字，附会到人名的元字，又由元字之"长"义附会为长子（左昭公七年孔成子筮例）；由《观》字的远望之义而恣意引申，占断为后代之事，抓住互体山岳之象而发挥想象，硬与大岳后裔姜姓扯到一起（左昭公二十七年周史筮例），等等，古文献所记筮例，无一不是如此。由此可以想象，除非运用这种引申附会的占算方法，否则便无法将象数名辞同贞问的事情具体联结。简单空泛的象数名辞和复杂万端的事物之间的矛盾，应该说是古占法穿凿附会之弊的根本原因所在。这样看来，所谓"太汗漫"，就不仅适用于义理，也适用于占法。也可以说，由于周易的信息内容汗漫，占法也只好汗漫，而汗漫的占法遂不能不表现为牵强附会，生拉硬套。如此看来，所谓早已失

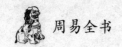

传的周易各种筮法，在好古的诸儒心目中，似乎神秘而高不可及，实际上恐怕也脱不出此种占法的早期历史的粗陋性。这一点，在专门探索过周易古占法的朱熹的言论中，也透露出一点消息。

朱熹在《易象说》中谈到周易来源时，认为原来取象的缘由，在大卜之官那里，一定有具体的说法，现在已不可考，姑付之阙如。如今，只能"直据辞中之象，以求象中之意，使足以为训戒而决吉凶"（《朱子大全》卷六七）。就是说，古代取象的筮法已经失传之后，占卦时就只能绎取辞象的涵义，使它充分发挥出道德训戒的作用，从而占断吉凶。朱熹所倡导的这种绎象以为德占的占法，并非他的创新，而是古已有之。本文上述《左传》《国语》所记的许多筮例，基本上都是采取这种占法。而正是由于这种占法过于汗漫，以致在"使足以为训戒"的推绎过程中，不可避免地陷于穿凿附会。上述惠伯从"黄裳元吉"的辞象中撷取元字，另作阐释，硬造"训戒"，就是一个典型的例证。

拟古占法

朱熹认定周易原为卜筮之书。所以除撰写《周易本义》，从卜筮角度对周易经文作解之外，并据古文献对古占法作了系统的探索。探索的成果并不合乎理想，但对人们认识春秋以前周易的古占法，却很有帮助。

据统计，《左传》《国语》所记筮例，全卦不含爻变的计有《屯》《泰》《蛊》三例。全卦只含一个变爻的计有《坤》之《比》、《屯》之《比》（二次）、《泰》之《需》、《大有》之《睽》、《大有》之《乾》、《观》之《否》、《明夷》之《谦》、《困》之《大过》、《归妹》之《睽》等十一例。全卦含三个变爻的计有《国语》的《乾》之《否》和《屯》之《豫》二例，全卦含五个变爻的只有《左传》《艮》之《随》一例。涉及变爻的情况为：初爻变（《屯》之《比》、《明夷》之《谦》），第三爻变（《大有》之《睽》、《困》之《大过》），第四爻变（《观》之《否》），第五爻变（《大有》之《乾》、《泰》之《需》、《坤》之《比》），上六

爻变（《归妹》之《睽》），初二、三爻共变（《乾》之《否》），三、四、五爻共变（《屯》之《豫》），初、三、四、五、上爻共变（《艮》之《随》）等。其中第二爻之变、二爻共变、六爻皆变的占例，不见经传。情况如何，不得而知。当然不是几百年间没有这种占例，只是不见之于文献而已。

为了弥补这一历史缺憾，后人曾经在探索古文所记占法的基础上，拟制出成套的《易》占条例。朱熹《易学启蒙》中的"变占"法，就是其中之一。具体内容大致如下。

①六爻皆不变，则以本卦卦辞为占。绎象时，以内卦之象为主，代表己方。以外卦之象为客，代表对方。

②一爻变，则以本卦变爻的爻辞为占。

③二爻变，则以本卦二变爻的爻辞为占，以在上的爻为主。

④三爻变，则看本卦及之卦的卦辞，而以本卦为主，之卦为客。三爻变的卦能有二十种不同的可能性：前十种初爻不变，为主；后十种初爻变，为客。

⑤四爻变，则以之卦二不变爻为占，以在下的爻

为主。

⑥五爻变，则以之卦的不变爻为占。

⑦六爻变，《乾》以《用九》辞为占，《坤》以《用六》辞为占，其他卦，以之卦的卦辞为占。

朱熹仿古拟制的这套周易占法，有的符合古筮例，如：六爻不变占本卦卦辞一条，前述孔成子贞问立君筮例遇《屯》卦，即以卦辞"元亨"等为占。一爻变，则以本卦变爻之辞为占一条，部分地也与古占法相符。如前述周史贞问陈完前途的筮例《观》之《否》，即以本卦《观》的第四爻"观国之光；利用宾于王"之辞为占，等等。但另一方面，也有一些条款的占法，于古无据。如二爻变、六爻变的占例，不见于先秦古藉，朱氏所拟占法，想必出自循理推测，是耶非耶，无从察考。但其所拟占法，与古筮例占法根本精神相背之弊，不在于拟制不当，或凭空拟制；而在于主要讲辞占，几乎不讲象占。按古例，《左传》《国语》所记十六筮例中，《乾》之《否》与《大有》之《乾》二例，纯以本卦及之卦之象为占，不涉及文辞。《屯》之《比》（毕万筮仕于晋）《屯》之《豫》、《泰》、《大有》之

《睽》、《大有》之《乾》、《蛊》（卜徒父筮伐晋。其辞不见于周易，但其占法可为参考）、《观》之《否》、《明夷》之《谦》、《困》之《大过》、《归妹》之《睽》等十例，则象占与辞占并举。而纯用辞占，不用象占的，则有《坤》之《比》、《屯》之《比》（孔成子筮例）、《泰》之《需》、《艮》之《随》以及非周易的《复》等五例。其中多数筮例，运用象占。重要的占卦之文《说卦》，讲的也都是关于象占的事情。可见，以象为主体的周易，其占法之应用象占是顺理成章的趋势。若从"书不尽言，言不尽意。……圣人立象以尽意"（《系辞上》十二章）和"言者，明象者也"（王弼《明象》）这一观点来看，则象为辞本，辞由象生，在占法（乃至推理）当中，象的思考或推绎应占有主要地位，是不言自明的道理。比如，不谙《乾》象纯阳刚健之义，则无从理解"元亨利贞"卦辞的本义。不谙初阳在下，静养待时的象义，便不能认清《乾》卦初爻辞"潜龙勿用"的深层涵义。不了解《坤》象的纯阴顺健的涵义，便不会明白为什么卦辞"元亨利贞"中加上牝马"之词，不懂得阴阳消长的《易》象演变，也就只能对初六爻辞"履霜坚冰至"断章截句地从字面上作出类似一般规律的空泛理解，而不能从中感到怵然的警惕。如此等等，这是众所周知的《易》学基本原理，无需赘述。名家如朱氏者，当然知之甚深。但令人费解的是，他却抛开卦爻象本身的取象作用和象征作用，而"直据辞中之象，以求象中之意，……以决吉凶。"（引文见上）专从文辞下工夫绎取象义，这和程颐专注《易》辞，认为"推辞考卦，可以知变，象与占在其中矣"（《易传》序）的偏见，多少有些类似。朱氏仿古拟制的七条占法，基本上都是以辞为占，对象占则并无具体的明显要求。这种偏颇之弊的产生，也许和他据辞求象的主张具有不可分割的联系。在这一点上，不仅朱熹如此，同是宋人所著《周易古占》所述的占法，大体与朱著类似，也是以辞占为主，无需赘举。

爻象之占

同时，也许正由于以辞为主，从辞中追索象意的原故，朱熹所拟的仿古占法，就没有涉及爻象的绎算问

明夷箕子图，出自宋·佚名《周易图》，此图对明夷卦的卦理进行了描绘

题。这应该说也是一个缺憾，然则，古文献所记占法中，在卦象和卦辞爻辞之外，有没有涉及爻象的呢？当然是有的。最明显的就是《说卦》对卦体结构所作的分析，所谓"立天之道曰阴与阳，立地之道曰柔与刚，立人之道曰仁与义。兼三才而两之，故《易》六画而成卦。分阴分阳，迭用柔刚，故《易》六位而成章。"这段话一方面可视为关于卦体结构的象数分析，另一方面，这一分析显然也与占法密切相关。从《说卦》讲八卦的方位和取象的细目等处来看，显然这一分析方法必然会应用于占卦的绎算。也许，这种把六爻分为天地人三位的方法，不是源于后人（如孔子）对

《易》体的开发，而是古占法的遗存，果然如此，则孔子在《象》辞中对卦象（大象）爻象（小象）所作的评论，就自称"述而不作"的孔子来说，恐怕也未必完全出自独创，也许在一定程度上从古占法的残流中有所汲取，亦未可知。这一点，在《系辞下》中表现得尤为显著，其中有专章对爻象的功与位等作了具体的论述。如说"二与四同功而异位，其善不同。二多誉，四多惧，近也。柔之为道，不利于远者，其要无咎，其用柔中也。三与五同功而异位，三多凶，五多功，贵贱之等也，其柔危，其刚胜邪！"（《系辞下》九章）这段话，总合论述卦中二与四、三与五这四个中间之爻的地位和功能。大意是说，二爻和四爻同是偶数，阴性，同具柔顺的功能，但分居上下卦，地位不同，其所象征的是非得失也便不同。二爻处下居中，多获美誉，四爻处上居下，多受惊惧。因为阴柔之性不利于向远，二近处下卦，四远居上卦，以致如此。阴性的要点是慎求无咎，其功用是柔顺而中和。三爻和五爻都是奇数、阳性，功能相同，但所处地位不同。三爻多凶险，五爻多有功，是由于三爻在下卦之上，属于臣位，五爻在上卦之中，

属于君位，贵贱的等级不同之故。三、五都是阳位，柔爻居之，便有危难，刚爻居之，便可胜任，大体是这样的。

上述孔子对《易》卦二、三、四、五爻的分析，大体揭示出六十四卦这方面的通则。爻的阴阳、地位、功用及其相互关系（乘、承、比、应等）属于爻象的范畴。孔子的这些话，就是针对爻象而言。这里应该指出的是，这些话并不是仅从哲学上对爻象所作的客观分析，而是与占法紧密相连的象数分析。就是说，从道理上看，周易的象占不能只针对卦象，而不管爻象。孔子所述的这些中爻爻象的性质、功能、地位和关系之类，在占法中不可避免地自然会有所涉及。其不见于文献，是另一问题，在实际的占筮中，一定会有所流传。也许孔子这些话，是以上代所流传的爻象占法为基础而作出的分析。倘若离开占法而空谈爻象的功、位问题，则孔子所谓"占事知来"便成为空话。孔子处于春秋时代，同后代人相比，无论如何距古较近，汲取古占法遗存比较容易，他的话对后人探究古占法来说，应该成为宝贵的矿藏。

与此同时,我们无妨再返回来对古文献重行探索,看看其筮例中有无爻象的占法。《左传》《国语》的十六个筮例(包括非《周易》筮例)的占法中,在卦象卦辞爻辞的占绎之外,并没有表现出关于爻象(功、位、比、承、应等)的具体分析。不过,细心地考察一下,亦可发现其占法的运作中,含有类似的成份。例如:

《左传·昭公五年》记载,鲁国庄叔于次子穆子初生时筮问其命运,遇到《明夷》之《谦》卦。卜官依据《明夷》的卦象慉来解释其初爻之变的爻辞。他说:"明夷,日也。"意思是,《明夷》卦象由上坤(地)下离(日)构成,是日在地下,将要出来之象。同时,他又按日分十时、人分十等的说法,把人与日时配合,认为"王"相当于"日中"(日在中天),"公"相当于"食日"(早餐时),"卿"相当于"旦日"(日出时)。《明夷》之《谦》是初爻动变,相当于日初出之象,虽显光芒却未明朗,正是黎明的景象。所以他说:"《明夷》之《谦》,明而未融,其当旦乎!"以周易的卦体来说,初爻象征事始,上爻象征事终。自初至上,象征

事物从始到终的过程。这种观点，在爻象中属于"位"的范畴。无论是引《易》卦论事也好，或以《易》卦占事也好，按理说，这种绎释方法是事有必至而不可避免的。鲁国卜官对《明夷》之《谦》的初爻的绎释，实质上就是从"位"的观点出发而作出的。虽然不象孔子《系辞》所说的那么明确、具体，但骨子里属于爻象的占法，则是毫无疑问的。

又如《国语·晋语》所记董因为重耳返国筮得的《泰》卦，虽无爻变，且仅以卦辞作解，所谓"是谓天地配，'亨，小往大来'，今及之矣"云云，但其中的"小"指阴，"大"指阳（周易通例），意为阴往于外而阳来至内，卦爻的阳阴演变形成天地相交的《泰》象。后人据此推演，认为《泰》由《归妹》演变而成。《归妹》鲔六三爻（阴）前往九四位，九四（阳）爻来到六三位，遂成《泰》害卦。就是说，爻象地位阴阳的演变，形成了《泰》卦。这种蕴涵于周易卦辞内部的爻象理论，当然和周易古占法之间存在着密不可分的有机联系，——虽然，它是深藏于周易哲理和占筮底部的少数遗存的古筮例中，并没有明显的表现。

　　总而言之，后人对周易古占法的研究，大体上不超出上述圈子。有的《易》学家认为，占法的一些条规，在《左传》《国语》或有征，或无征。有征者，以其征知之；无征者，以有征者推知之，当无大谬。这个观点是对的，以今索古，恐怕只能如此。朱熹所拟制的古占法条例，大体上符合这一作法，故而对周易古占法的研究，有一定贡献。但他对古文献的探索，有的地方还不够深入、全面。如上述《左传》《国语》筮例所透露的关于爻象占法的消息，以及《系辞》《说卦》关于爻象"功""位"等的论述，就没有发掘和汲取。尤其把卦爻之变的占辞几乎局限在爻辞的范围内，对象的占法有所忽略，更是明显的缺欠。

　　总结上文，可以作出如下结论：

　　周易古占法（不含求卦筮法，德占除外）包含象占、辞占两大项，其卦变爻变的象占辞占具有简单的准则。但占法的运用十分灵活，"不可为典要，唯变所适"（《系辞下》八章）。可唯辞占，可唯象占，可辞象并占。占断亦可依情、依理或依事，并无定则，难免因人而异。故而周易古占法实为一种灵活有余，规则不足，

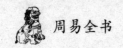

简陋而粗疏的早期占法。

依据这个结论推想，便会明白，在周易"辞、变、象、占"四大项之中，何以占法未能伴随经文传诸后世，发扬光大，反而失其传承，以至衰落下去的原因所在。

与《火珠林》占法的对比

这一点，如果以后代发展的占术与周易试作比较，便会看得更为清楚。下面，仅以《火珠林》为例，试作探讨。

《火珠林》占术是汉代象数《易》温床上滋生的周易古占法的一个变种。它仍以六十四卦的框架为体，在六爻中插入纳甲法，配以干支五行、六兽、六亲等成份，增添占算的时空信息，使占算的人事信息具体化，基本上废除象占辞占，代之以五行生克冲合为主的占算方法。它虽披着周易象体的外衣，骨子里却与周易占法完全不同。

这里，仅以《观》之《否》卦为例，略作对比。

以见双方占术的不同和优劣。

甲：周易筮例

《左传·庄公二十二年》陈厉公占儿命运筮例：《观》之《否》卦占法：

（一）占卦变：本卦《观》捣四六爻动，阴变阳，成之卦《否》踠。

（二）占本卦六四变爻爻辞"观国之光，利用宾于王。"

（三）占本卦之卦卦象，以为六四变爻辞的证明。

（四）占本卦卦名《观》，以推断未来。

总之，大体上是联系所卜事情，对卦象、卦名、爻辞进行分析，从而作出占断。详见上文，不再赘。

乙：《火球林》占例

辰月庚午日，占会试，得《观》之《否》卦。

卯　巳　未化午　　卯　巳　未

·　·　×　　　∷　∷　∷

财　官　父世　　财　官　父应

断曰：未土持世，化出日辰午火世官星生才，鼎甲在掌。果中探花。

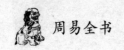

（引自清人洪绪著《卜筮正宗》第九章《十八问答占验》）

占法：（一）以三枚铜钱抛掷六次，背为阳，字为阴，三阳画0，三阴画×，表示动爻。其余则以"—"标阳，以"袴"标阴，与周易阴阳象同，如此得卦。

（二）"世"为己身，"应"为客体。

（三）以月日地支所属五行之生克冲合为主，据所问之事，从父母、兄弟、妻才、官鬼、子孙中选定"用神，"然后联系"世""应"进行占算。

（三）问功名以父母爻为用神。本例父母爻未土持世（功名在身），未土动，变为午火，火生土，与未土相合；而日辰又当午火，生合未土，用神父母爻，有生无克。同时，午火属原神，为官鬼（官星）而生合用神。

（四）据此，占断为功名在手，大吉大利。

依据上述情况，将两种筮例的占法对比一下，即可清楚地看出，《火球林》的源头虽是周易，也继承了六四卦的卦象，但伴随气象历法等的学术发展。和占术自身的发展，它已经以纳甲、爻辰、五行等新的成分，对周易的占法作了脱胎换骨的改造。周易占法的象占辞占之类已完全消逝，难觅踪影。针对具体人事信息所作的五行生克冲合的占算，成为占法的核心。而如前文所述，以钱卜代揲蓍，也大大减少了起卦的麻烦。

对比的结果，可以得出这样几点结论：

（一），配合卦内六爻的占卜信息（干支、六亲、世应、五行等）远较周易的象与辞具体、细微、清楚，便于占算。

（二），占算的法规远较周易严密。如用神的确定，干支五行的生克冲合、占断的依据等，都有章可循，有法可依。周易的象占辞占那种法无定则的粗疏性和随意性等弊病，已一扫无余。

（三），这一对比，虽然仅仅依据两个占例，但"一叶落而知天下秋"，由此反映出来的情况足以表现出，就占卜术来说，周易的占法，虽具有鼻祖的地位，但同后代继而发展起来的占术（如《火球林》之类）比较看来，却显现出一种早期的幼稚状态。除了德占、理占有其珍贵的义理特色外，其占卜法术之平庸低劣，是无可讳言的。正如周易的义理内涵伴随历史的进展而

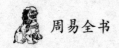

日益发扬光大是理所必然的趋势一样，作为周易寓理外壳的占筮形式，伴随历史的进展而日益衰落，从它依附的义理上脱落下来，退出占卜的舞台，而为其他成熟的占术所代替，也是事有必至的合理后果。

占验的概率

最后，顺便说一下，在所谓"占验"的问题上，周易的占卜与火球林比较，似乎也略逊一筹。杭辛斋先生于此颇有感触。上文说过，在论述火球林以钱易蓍的优越性时，他曾指出："间有好古者，遵用蓍策，而效反不著。"他说的是揲蓍求卦，效果反而不如钱卜。所谓效果，当然是指占验而言。杭先生的感觉，自然是来自占卜的实践，绝不是产生于凭空臆想。笔者也曾以试验角度专门作过探索，也产生了这种感觉，即：火球林的占验概率似乎远远超过了周易。这也许缘于含糊的占法逊于精细的占术之故吧，究竟何故，有待于今后专题探讨。

然而从另一方面来说，从上述两种占例的对比中，人们又可以发现另一差异，那就是：同是《观》之《否》卦，不仅占法各异，内涵也根本不同。周易的《观》之《否》卦除了占术方面不及火球林之外，在象与辞的内容及其依乎情理而不依乎定命的推绎方法上，却以其渊奥的义理和灵活的辩证思维而较之火球林大为优越。在这方面，无妨说，周易等于天上的月亮，而火球林等于地上的乌龟，两者之间存在着龟月之差。——火球林的内涵肤浅可怜，无非是遵神谕起卦，依规则占断，从占卜到占卜，谈不到什么辞、变、象、占，更谈不到什么天人之道，如斯而已。

综述语及儒家占筮观比重轻微

周易涵有四大圣人之道，占是其中之一。就这一点来说，占的成分在周易中也许可以视为占有四分之一的比重。同辞、变、象的总体对比，占的份量显然很轻。如果再作具体细分，如上文所述，把《易》占分为筮占与"理占"两种，那末，纯粹的卜筮之占，在周易中所

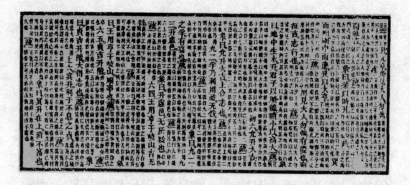

《十三经疏注》中所载的《周易正义》书影

占有的比重就更轻微了。众所周知，比重的大小、份量的多少，必然左右性质的确定。故而筮占的比重大小，对周易是否为筮书来说，具有决定性的作用。——当然，这是就周易的本质而言，不是指它的表述面貌和功用形式。

固然，孔子所谓《易》有辞、变、象、占四个圣人之道，是从学《易》的角度讲的，意指周易具有四种宝贵内涵，可供学者汲取。在这个意义上，从占有的份量比重上观察，包括揲蓍求卦的方法在内，其纯属占卜性质的东西，也并不多，说它约占四分之一的比重，也未为不可。这一点，如若和其他占卜书对比，就显得十分清楚。仍以火珠林为例，全书六十四章从头到尾是讲占法，什么"六亲根源"、"世应相克"、"占身命"、"占运限"、"占婚姻"，等等，甚至涉及"占谒贵""占博戏（赌博）"之类，没有一章越出占卜范畴。类似周易象变所反映出的天人之道的义理，一处也没有。即使单就占术的层面来看，除了钱占求卦法和周易的揲蓍求卦法并无实质的差异外，其他内容实有天壤之别。根本的分歧在于周易之占依理依德，火珠林之占（包括其他占书）则依神依规。故而周易之占含有筮占与理占的两重性，即使筮占的占断，亦不得背理背德。而火珠林之占只是单纯的占卜，只讲占断吉凶祸福而不计其他。由此简单的对比可以得出结论说，纯粹的占卜成分在火珠林之类的占书中所占的份量几乎是百分之百。而相比之下，周易之占当中，纯占卜成分则相当微薄，说它占有四分之一的比重，恐怕还需包括所谓"不占之占"的理占在内！——虽然周易本身采取了《连山》、《归藏》等筮书同样的以蓍草求卦、以卦爻占筮，并以吉凶悔吝等占辞表示占断，具有占筮的功能，但其占法占辞和功能，必须以天道（阴阳）、人道（义理）的运行为基础，基本上是它涵纳并推显天人之道的形式。但它并非某些人所说的外在形式，而是周易内容的表现形式。外在形式可以改变而无伤其内容，内容的表现形式则不可改变，变了即伤及内容。揲蓍法应属于周易的外在形式，换成钱卜法并不伤及内容，从哲学的角度看，没有揲蓍，并不影响周易的独立性，甚至用梦占法也可。如三国时晋将邓艾梦坐山石处有流水，即得《水山蹇》卦。占是周易辞、变、象等内容的组织形式，也是它的双重功能——教化与占卜的内容之一。周易的筮法和占法，表现出它的卜测功能。所以说，"占"既是周易的寓义形式，也是它卜筮功能的内容。而总体来看，它可以说是周易的形式。就它和"辞、变、象"的关系来分析，应该说，前者是它赖以存在和运行的基础。没有"辞、变、象"就没有"占"，而失去占（筮占），"辞、变、象"却依然可以独立存在，作为哲理，更利于发扬光大。

如上所述，周易的筮法和占法，在占卜术中是属于早期的初级方法，粗疏性与随意性之外，再加上德占理占的制约，其占验概率的先天不足，非常明显。故此，在周易"辞、变、象、占"四大项中，占的价值与效能，显然低于前三项。孔子把它放在最后面，也许不为

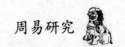

无因。——当然，这主要是指占之中的筮占而言。

人文主义

综合上述加以思考，便会自然而然地体会到，为什么孔子在《系辞》及其他赞《易》文章中，除简明介绍筮法和对占筮略作空洞的颂扬外，并未涉及任何占验的事例，却把大部分笔墨用于阐述义理的原因所在。同时，也可以深入懂得为什么孔子只依《恒》卦义理进行"理占"，强调'不占而已矣'，而不作"筮占"的原因所在。倘若当真如某些卜史所认定的那样，或者如《左传》引用筮例所浮夸的那样，周易的占筮具有测事如神的灵验，孔子也许不会对它持这种"敬鬼神而远之"的态度。据帛书周易《系辞·要》的记载，关于学《易》问题，子贡曾问孔子说："夫子亦信其筮乎？"孔子的回答是："我观其德义耳！吾与史巫同途而殊归。"无论帛书周易所记是真是伪，这段对话却很有客观价值：它表明，周易的占筮早在春秋时代在人们的思想中已失去了足以令人相信的灵验功能。在孔门弟子和孔子的思想中。恐怕也是如此。孔子潜心学《易》主要是观察其中的德义，不是学习其中的筮占，与史巫（专职的卜官）的学《易》目的不同。史巫为占筮而学，孔子为德义而学，同走学《易》的道路而走向不同的归宿。"同途而殊归"这句话，具有双重内涵。一层显示，周易大路中含有歧途，一为义理之途，一为占筮之途。亦即周易本身具有深厚的两重性，其功用也如此，既可用于义理教化，又可用于占卜吉凶。另一层表明，孔子为什么在讲解周易时处处以德义为重而无迷信占卜的迹象。

不仅孔子，古代的有识之士对周易的占卜也多持类似的态度。

继承孔子的学说，把儒家的人文主义占筮观表达得最清楚的，无过于战国时代的儒学大师荀子。在这方面，他表述了三个观点，很耐人玩味。一是类似前文所述周易《革》卦九五爻辞"未占有孚"的思想，所谓"以贤易不肖，不待卜而后知吉；以治伐乱，不待战而后知克"（《荀子·大略》）云云，给占筮的应用划出了界限。二是所谓"善为《易》者不占"（同上），类似孔子所说的"不占而已矣"的思想，亦即精于《易》理者无需筮卜即可占测未来，而尤其是第三个观点，意义最深。他说：

> "雩而雨，何也？曰：无何也，犹不雩而雨也。日月食而救之，天旱而雩，卜筮然后决大事，非以为得求也，以文之也。君子以为文，而百姓以为神。以为文则吉，以为神则凶也。"（《荀子·天论》）

在这段话里，荀子把执政者的卜筮活动同求雨的仪式和拯救日月食的举动等同样看待，认为那并不是为了获得效益，不过是顺乎人情的一种文治饰仪而已。因此，求雨而下雨，和不求雨而下雨，结果是一回事。君子把这些活动看作文治饰仪，百姓则把它看成乞求神助。前一种看法吉利，后一种看法凶险。这样，荀子把卜筮说成一种空虚的文治饰仪，就是对卜筮效验的否定。这一点，他较之孔子的含糊态度，明朗得多。但他也和孔子及古代其他多数易学家那样，虽不承认卜筮的灵验，却也不反对卜筮，无论汉儒、晋儒、宋明儒乃至清儒，大多如此，其中甚至出现断言周易为卜书，教导占卜，并相信占卜灵验的学者朱熹那样的人物。这在科学不发达的古代乃至近代，作为一种社会风气，有其历史和文化的局限性，无需克责。明清之际的思想家顾炎武就是其中一个代表人物，他在《日知录集释·三易》中谈到卜筮问题时，曾引用《尚书》的古训以及孔子的见解来说明卜筮与人谋的结合。他说：

"《洪范》曰：谋及乃心，谋及卿士，谋及庶人，谋及卜筮。孔子之赞《易》也，亦曰人谋鬼谋。……故尽人之明而不能决，然后谋之鬼焉。故古人之于人事也，信而有功，于鬼也，严而不渎。"

这段话不仅代表顾炎武的卜筮观，也代表几乎所有儒家学者的卜筮观。——虽然不迷信卜筮的效验，不以神意与宿命的观点看待卜筮，认为人谋重于鬼谋；但同时也不反对卜筮，不否定鬼谋的功用；只是主张人鬼并用，而以人为主而已。这和孔子《系辞》中所表达的卜筮观，本质上如出一辙。但《系辞》的占筮观表达的并不明朗，顾炎武则继承之，而把它说得清清楚楚。无妨说，他这一观点是孔门占筮观的延续。

人鬼并用

另外，顾炎武又依古训，反对教导民众以占卜预测未来。他的说法是：

"《易》以前民用也，非以人前知也。求前知，非圣人之道也。是以《少仪》之训曰：'勿测未至'。"

他认为，周易的功能是"前民用"，即引导民众有所作为之前用其中所含道理观变知几，制定趋吉避凶的正确计画。周易的功能并非"前知"，不是教导民众通过占筮预知来事。求取前知，不是圣人之道。

顾氏这一见解，用今天的目光来看，当然是合理的，正确的。但就他本身所持的儒家占筮观来看，却不能不说是内含悖论：既同意人鬼并用以谋事，又说不要用鬼以前知，显然是自语相违。不过，进一步再联系孔子为祖的儒家门风的天人观想一想，就会明白个中三昧。儒家并非据已知推未知的唯物学派，对已知与未知往往持两可态度。前文所述孔子所谓"祭如在，祭神如神在""敬鬼神而远之"云云，就是这种两可态度的表现。故此，孔子才一面同意人鬼并用的古训，认为周易有"神以知来"的占验功能，又反对怪、力、乱、神和"素隐行怪"（《中庸》）。荀子一方面强调"善于《易》者不占"，认为"慎终如始，终始如一，夫是之为'大吉'"（《荀子·议兵篇》），从修养上对占辞作出解释，而他方面又对占筮的"文之"功能予以肯定，也是模棱两可的态度。张载态度也不例外。一边强调"观变玩占"之占，非"占筮之谓"，而是观乎事变，"谋必知来"的占。一边又认为，"人于龟策无情之物，不知其将如何，惟是自然莫或使之然者，阴阳不测之类也。己方虚心以乡之，卦成于爻以占之，其辞如何，取以为占。圣人则又于阴阳不测处以为占，或于梦寐，或于人事卜之。然圣人于卜筮亦鲜，盖其为疑少故也。"（《横渠易说·系辞上》第十章"以卜筮者尚其占"注）

这段话主要是说，大自然的阴阳不测之处，通过筮具表现出来，成为卦辞，圣人据以为占，以决疑问。而圣人之所以很少占卦，大约是因为疑问很少的原故。这表示，张载不仅相信占筮有决疑的功能，而且把圣人（如孔子）"不占而已矣"的原由说成缺少疑问。这样，对占筮的肯定便和他另一处所谓周易是"一法律之书，使人知所向避，《易》之义也"以及"占非卜筮之谓"等对占筮的态度之间，产生了不和。尤其是硬把圣人少占卦的原由说成少疑问，也与事实大谬。文王囚于姜里，孔子厄于陈蔡，说明圣人并非料事如神，疑问很少；也说明即使精于《易》占，也不可能事事获得"前知"的效验。卜筮专家，也不例外。前汉之京房、三国之于吉、晋之郭璞、明之刘基等，皆一流占卜大师，但却善于占他，而昧于占己，殒身丧命，却未能前知。可见，占卜虽不无预测作用，但并非决疑手段。谓之有决疑功能，显然是一种夸大，而且连夸大者自身也并不相信。前文所引《礼记·少仪》所谓"勿测未至"和"义则可问，志则否"，都说明古人早已从经验中认识到，卜筮并不能有问必答、有疑必决，它未必有前知的灵验，无条件地信它，会陷入凶险。在这方面，宋代

的义理派易学大师程颐，也和祖师爷孔子一样，看重从德理讲周易而不讲占筮。但他也一方面认定"即事尽天理便是《易》也"（《遗书》卷二），另一方面又断言"古之卜筮，将以决疑也。"（同上，卷二十五）。仍认为占筮有决疑之效，而予以肯定，如此等等，形成了孔子以来儒家两可占筮观的传统特色。

来自《易》蕴

值得特别注意的是，儒家这种人鬼并用而以人为主的人文主义占筮观，并非孔子为首的儒家学者所创造，而是周易自身的思想在儒家学者观点上的集中反映。就是说，儒家的义理占筮观和人鬼并用的占筮观，不是从外部加到周易身上的一种看法，而是上述《易》占内在的人鬼两重性和德理为根的本性，在儒家易学思想中如实反映而构成的这样一种人文主义占筮观。因此，朱熹等后儒把伏羲、文王所撰的周易视为只是个卜筮书，"到孔子方始说从义理"云云，不但颠倒主次，把义理为主说成占筮为主，而且把孔子的易学思想同周易的固有思想割裂开来，纯属谬论。清儒皮锡瑞说得好："伏羲画卦，虽有占而无文，而亦寓有义理在内。……其（孔子）所发明者，实即羲、文（伏羲、文王）之义理，而非别有义理，亦非羲、文并无义理，至孔子始言义理也"（《经学通论》）。诚如皮氏所言，孔子所发挥的易学思想，实即周易的内在思想，并非别有独创。

可见，从《易》占的传统来看，以义理为主的理占思想和筮占思想（占的两重性），并非始于孔子的人文主义《易》占观。如前所述，孔子之前的春秋时代，仅据《左传》记载，即在筮占之外出现不少依据义理所作的理占事例，实质上这是周易内在法则对事态的具体应用。同时，穆姜、南蒯之"非德勿占"，所谓"忠信之事则可"，"《易》不可占险"云云，实际上是周易义理本质在占筮上的必然表现。简言之，如周易经文总说"贞（正）吉"，从不说"不贞吉"；总说"利贞"，从不说"利不贞"；总表示顺理则得而吉，逆理则失而凶；

失之而悔，悔则自凶而趋于吉；得之而骄，骄则易于吝，吝则渐趋于凶。如此等等，周易通篇皆以中贞悔吝的道德义理劝人向善，以为趋吉避凶之道，主旨在于道德教化，这是周易内涵的本质。如此本质表现于社会教化，则为洁、静、精、微的风习，表现于占筮，则为以义理为本，循理而占，非德勿占，以吉凶导人而为善，利于"前用"，而不利于"前知"（占术粗疏，占验率低），与其他占卜之"以休咎导人而为不善"（《金史·方伎传》），"计其命之穷通，校其身之达否而已矣"（程颐《遗书》）者，根本不同，这是理所必然的。由此观之，周易的筮占，唯有依赖其辞、变、象所涵蕴的义理，始有存在的价值。在周易的四个圣人之道中，它的实际地位是最低的。

归纳上文，可作出如下总结：

（一），周易辞、变、象、占四大项中，前三者属于人谋，后者则一分为二，其中的理占（不揲蓍之占）属于人谋，筮占（揲蓍之占）属于鬼谋。

（二），人谋鬼谋之间存在相辅相成的关系。鬼谋要以人谋为占算占断的基础，人谋可借鬼谋的方式运行，或以鬼谋为参考，或以为某种意义的辅助（如神道设教）。另一方面，人谋鬼谋之间，也存在相反的关系。人谋（理性的必然）的发扬必削弱鬼谋（非理性的偶然）的应用；表现为精于《易》道者，"谋必知来（张载关于《系辞》辞、变、象、占"注释)，亦即智者的理占，胜于庸人的筮占。同时，鬼谋的肆虐，亦必冲淡人谋。象数派之重视筮占，逐渐遁入小术曲学，甚至流于怪异机详，丧失人谋，即其显例。而另一方面义理派之重视人谋，使《易》理发扬光大，跻身哲学之林而雄视万方。相比之下，鬼谋却以其粗疏无力而逐渐消退，终为其他占卜所取代。周易之人谋为本，人谋胜于鬼谋的本质，于兹可见。

（三），周易鬼谋的占法简单而粗疏，灵活有余而严密不足，往往因人而异，凭联想占算，难求明确。直接原因有二：一是不受神命的管制，而受德理的制约，以致流于两可的教诫，难成为决疑的占断。二是象辞等信息结构简陋空泛，模糊多歧。而根本原因则在于，周易筮占在占卜史上的早期幼稚性，决定它不可能象后代某些占术那样，占算的信

息较多，规则较细密，且以神意命定为前提，必有明确的占断。

　　总而言之，如上所述，孔子为首的儒家人文主义占筮观，是周易本身内在占筮思想的正确反映。在孔子所说的周易"辞、变、象、占"四个圣人之道中，形式上占似乎占主体地位，实际上它从属于前三者，处于次要地位。虽然周易以它的存在表现占筮的功能，但并非独立自足、井井有序的占筮功能，而是以德理戒律为转移的粗疏含糊的占筮功能。德理为内容，占筮为形式，为德理内容服务，是周易筮占的本性。既然筮占是寓理出理的形式，不占主要地位，故而它不能代表周易的本质。周易的本质只能由占主要地位的辞、变、象等哲理内容所决定，周易之为哲理书的根由，即在于此。

李氏悖论

依据上述理由，本文对《易》本占书的说法以及夸大筮占作用的观点均不能苟同。清儒李光地是易学大师，造诣很深。但他却委曲婉转地反对孔子重视德理的易学思想，维护朱熹《易》本为占书的观点。他先说：

"夫孔子尝言《易》矣，曰：'和顺于道德而理于义，穷理尽性以至于命。'则谓《易》言理，是也。然本画卦系辞之初，则主于卜筮以明民，非如他书直阐其理，直述其事者也。"

意思是，孔子以义理性命解《易》，以《易》为说理之书，是对的。但画卦系辞成书之初，作书的主要目的在于以卜筮启发民智，与其他说理叙事的书不同。李光地就以这样一点所谓"以卜筮明民"的古语为依据，简单地判定周易为筮书。并且认为，孔子从中讲理虽然正确，但不影响周易本来的卜筮性质。接着，在这个论点的支配下，他完全赞同朱熹的观点，认为朱熹对周易

"深探其本，作《本义》一编，专归卜筮。"并对朱说遭受批评鸣不平，说迄今人们不同意朱说，恐怕它缩小周易的用途和道理，而使周易流于方技术数，这种批评是错误的。他辩解说："殊不知《易》之用，以卜筮而益周。《易》之道，以卜筮而益妙。而凡经之象数辞义，皆以卜筮观之而后可通，初非小技末术之比也。"（以上引文，均来自《易经指南·通政篇》）

李光地的上述观点表明，他对周易当中理与占的作用、地位及其相互关系，认识模糊。以致对周易的本质判断错误。

首先，他对周易著作的目的认识不清。正如前引皮锡瑞所云，伏羲画卦和文王系辞，本有义理，并非孔子所加。周易内容充满隐忧与训诫，为教化而作，毫无疑问。所谓"卜筮以明民"，不过是借用卜筮的形式与手段以达到教化民众的目的而已。卜筮以明民的实质乃是借卜筮而以理明民。理为本，筮为法。说"主于卜筮"云云，显然是主次颠倒，本末易置。

其次，如前所述，周易的用途不仅是卜筮。不经卜筮，单以经文，便可独立发挥解疑、指南、理占等哲理和逻辑的功用。所谓"主于卜筮"云云，乃是一偏之见。

再次，说"《易》之用以卜筮而益周"，等于说周易原有自己的用途，有了卜筮后周易用途便越发完全。这个卜筮之外的用途是什么，李光地没明说。这个命题的涵义，应该是周易本来的用途是德理教化，有了卜筮的手段以后，这一用途愈加发扬光大，周易的用途也因增加卜筮而益加完备。这和李光地前面所说的周易原来"主于卜筮"的观点，显然出现分歧。"主于卜筮"是说周易本来的内容和用途主要在于卜筮，"因卜筮而益周"是说周易的内容和功能因使用卜筮而更加全面。两说意思不同，难以并存。李光地究竟指哪个而言，表达不清。

还有"《易》之道以卜筮而益妙"云云，从文义来看，当然是说周易的道理本来很玄妙，加上卜筮之后，显得更玄妙。依此观之，李光地的观点是承认《易》道为《易》的本义，卜筮乃是显道之最佳手段，如此而已。这样一来，他这个观点就和自己认定周易原为占书的观点（也是朱熹的观点），背道而驰了。

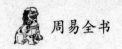

最令人不能首肯的是他所谓"凡经之象数辞义，皆以卜筮观之而后可通。"如前所述，辞、象、变所表现的《易》理，是《易》占赖以存在与绎算的基础。无筮占，《易》理自在更易于发扬；无《易》理，则筮占无法生存成为末技的空壳。不是象数辞义以卜筮观之而后可通，而是卜筮凭象数辞义解之而后成用。《左传》《国语》所载《易》筮十四例，皆凭象、辞之义与变以为占，舍象辞则无以为占便是确证。

综上所述，可以说，李光地赞同朱熹之说，以周易为占书的理由，是从反面证明了周易是寓理于占的哲学书。

结　　论

周易究竟是一部什么性质的书？周易本性倒底是什么？这一问题，本文以孔子所说的辞、变、象、占四大项为中心，作了如上论述。作为结论，其要义是，辞、变、象、占的综合表现是周易内容、形式与功用的统一。"辞、变"蕴涵并表达哲理、伦理、论理（逻辑思维），统称义理，简称理，"占"是借筮卜或推论而据理测事的方法，也是理的表现形式与运行形式。大体说，伏羲画卦及其后演为六十四卦，以卦象寓理，又以筮法据理决疑。文王、周公系辞表达象义，借占以决疑，主于以德理教化。占须循德理，非德理无占。德理可无占，占不可无德理。道理如此，史实亦复如此。周易之成为儒家六经（《易》《诗》《书》《春秋》《礼》《乐》）之首，并非出自孔子以德理对周易占性硬行改造，而是蕴于占形的《易》理本性为孔子所发掘、发扬，亦即《易》理在孔子认识中得到了深刻反映与升华。孔子见过殷商筮书《归藏》，但只说它是"《坤》《乾》"，并未深究。见周易后，则深入探究，爱不释手，并以《文言》《系辞》等诸多文章，予以翼赞。原因大约在于《归藏》为一般占书，无理可发，而周易则寓理于占，有理可阐。故此，朱熹所谓"《易》只是个卜筮之书""到孔子方始说从义理"云云，是将卜筮面貌的哲理书与纯属筮书的《归藏》之类，混为一谈，不能令人信服。

《易》有理占二用。理属人谋，其利可必，占属鬼谋，其效未必。前主后从，前贵后轻，往古如此，后世为烈。《易》派多支，而独无占筮，《易》道广阔，唯占法堕落。占筮原非周易之主体主用，非其本义，观此则心明眼亮，疑团尽释矣。

千言万语一句话：

事物的主要内容决定其本性。周易的主要内容是理不是占，故其本性是哲理书而非占卜书。

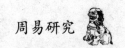

第十六篇　周易思维论概

《易》之失，鬼乎　卦乎

前文说过，孔子在评说周易的教化效能时说："洁静精微，《易》教也"（《礼记·经解》）。把周易"辞、变、象、占"四大圣人之道的社会教化所形成的风气，概括为思想纯正（洁）、心境平和（静）、虑事精细（精）、和洞察机微（详见前文）。单就这一方面来看，孔子的评论显然是针对周易总体所反映的阴阳之道的规律性与逻辑性的正面教化功能而言。但依周易的阴阳之道来看，任何事物都有正反两面。所以，孔子在盛赞周易的正面教化效能的同时，又警诫说："《易》之失，贼。"揭露出周易教化对社会的负面影响。贼者，害也。

意为周易在社会教化中的缺点是，学得不对头，便会使思想受到侵害，变得不阴不阳，阴诈诡谲。后来，晋代哲学书《淮南子》也效仿孔子，一方面说："清明条达，《易》之义也。"另方面又说："《易》之失，鬼。"对周易褒长而揭短。它虽不言《易》教而言《易》义，但大意近似孔子的评论。当然，"清明条达"的褒扬，不及"洁静精微"深刻，但用鬼字揭短，却成为贼字的好注脚。所谓"鬼"指何而言，《淮南子》在另一处自作注解说："《易》之失也，卦"（以上《淮南子·泰族训》）。就是说，周易的缺点在占卦。占卦属于鬼谋，是周易的一种功能，学《易》不深而迷于占卦，则易于陷入鬼诈，自欺欺人。《淮南子》对周易短处的评语，能使后人对孔子所谓"贼"的含意，有进一步的理解。

辩证思维的滥用

但是，本文却认为单以《淮南子》的鬼字来解释孔子的贼字，并不充分，也不深刻。把《易》之失评之为贼，除指占卜的鬼谋之害以外，一定有更深的含意。这一点，古文献上尚未见到答案。本文的看法是，它与周易思维方式的特殊性有一定的关系，其中辩证思维的灵活性大约是主要原因。在中国，乃至全世界，周易可谓空前绝后、举世无双的奇书。奇的表现不但在于图象蕴理、辞象喻理，以象数思维，而以占卜为貌；还表现在，它以辩证的思维方法把内容与形式组成一个有机的整体，亦即表现在它是一个以活泼泼的图象与辞象表现天人之理的辩证思维的范畴体系。同古希腊人的零零星星的辩证思维的命题相比较，周易的辩证思维展开于六十四卦三百八十四爻的象数义理结构当中，更为丰富、深刻而有系统。《老子》的辩证思维虽较周易在表叙上显得更富于哲理的概括性和深刻性，但它的撰写晚于周易，其基本思想虽非源于周易，但其辩证思维受到周易的影响，却没有疑问，两者之间有脉络可寻。最显著的表现是《老子》所讲的"万物负阴而抱阳，冲气以为和"（四二章），显然来自周易的阴阳观。《老子》当中一以贯之的万物相反相成的思想，如"有无相生，难易相成，长短相较，高下相倾"（二章），"祸兮，福之所倚，福兮，祸之所伏"（五八章）等等，和周易八卦乾

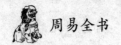

夬与坤姤、坎趐与离羡、兑熷与艮辈、巽侯与震锜的相反相成，在思维方法的辩证性上是如出一辙。《老子》反复强调的"自伐者无功"（二二章、二四章）和《周易》唯一全吉的《谦》卦之间，"物或损之而益，或益之而损"（四二章）和周易《损》《益》二卦之间，"物壮则老，是谓不道"（三十章）和周易《乾》卦上九"亢龙有悔"之间，以及双方其他一些命题之间，有着共同的思想性和辩证性，如此等等。从传承关系来说，周易无疑是中国历史上最早问世而继由老子发扬的辩证思维的滥觞。

辩证思维和普通思维不同。普通思维是所谓形式思维。黑格尔称之为悟性思维。其特质为确定性，亦即抽象的同一性，其公式为 A 是 A。而辩证思维的特质则为灵活性，亦即对立的同一性，其公式为 A 是 A 与非 A。形式思维是表达抽象概念的初级思维，而辩证思维则是表达具体概念的高级思维。高级思维必需以初级思维为基础，双方合作，便呈现出思维的确定性与灵活性的统一，周易的基本思维便是这样。它既以象数文辞表达确定的天人法则，又以"变动不居"的灵活性否定其为

"典要"。"不可为典要"而"唯变所适"的灵活性，正是周易辩证思维的显著特性。这一点，如若把周易同《墨子》对照一下，便可看得更清楚。精通形式逻辑的墨子，其文章的思维特点正是确定有余而灵活不足。以《墨子》的思维方式，绝不能把周易渊奥精微的内涵表达完美，必须在形式思维的基础上，以辩证思维为主，运用多种思维方法，才能做到。

狡猾的辩证法

但是，如同任何事物一样，辩证思维的灵活性有其"得"，也有其"失"。正确运用，便于深入把握和表现复杂事物的深层本质。而运用不当，则易于流入狡诈的辩术。所谓不当，就是不顾事实而耍弄概念的灵活性，借以骗人，折中主义和诡辩就是其具体表现。列宁说过："概念的全面的、普遍的灵活性，达到了对立面统一的灵活性。……这种灵活性如果加以主观的应用＝折衷主义与诡辩"（《列宁全集》第 33 卷第 112 页）。折中主义是把相反的东西加以调和，模凌两可，混淆是

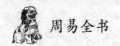

非。诡辩主要是违反逻辑规则，强辞夺理，貌似正论而颠倒是非。两者都脱离实际和原则，以私意滥用概念——弃其确定性而玩弄其灵活性，使灵活性失去基础，坠入骗术。而不明真相的人却会觉得这类论调头头是道，玄妙精微。就周易来讲，所谓《易》教之失（副作用），一定程度上大约是说会使一些心术不正的人，利用周易辩证思维"变动不居"的灵活性，通过论理或占卜，以折衷主义或诡辩术进行欺骗。或者，会使学《易》不深不透、未能把握《易》道本质的人，以神妙莫测的心理从形式上滥用周易思维的辩证法，造成恶果。正因为辩证法会产生这样的副作用，所以列宁在《哲学笔记》里经提过"狡猾的辩证法"这样的说法。在现实生活中人们讥笑那些玩弄辩证法以惑人耳目的勾当，谓之"变戏法"，也类似这个意思。

王昭素的阿谀诡辩

下面的事例，可使人对此有所体会：

（一），按《易》例，五爻是君位，至为尊贵，

《乾》卦五爻辞象为"飞龙在天，利见大人。"问题是，占者如为君王，占得此爻，当然可释为龙运亨通，得志腾飞，利于俯见天下贤人（大人），或释为利于天下人仰望德尊，或释为利于表现大人之美德。有几种意蕴，可供灵活发挥。但占者若非君王，并非大德之人，只是引车卖浆者流的平民，甚至是行将就木的老者，则所谓"飞龙"、"大人"云云，应作何解？换言之，占者的身份若限于龙和大人之象，则《易》教将局限于"天廷"而背民用之旨。反之，只有龙与大人的象义并无身份限制而仅具德义要求，《易》教始可畅行于天下。如承认周易主旨是以卜筮之形行教化之实，则必以后一说为正解。孔子讲周易的功能时，反复强调其利于天下，为民所用，一面承认其"既有典常"，又强调其"不可为典要"（《系辞下》八章）只有这样，才符合周易的主旨，也符合周易辩证思维的灵活性。来之德在《乾》卦初爻的注释中，于此有所发挥。他说：

"《易》不似别经，不可为典要。如占得潜龙之象，在天子则当传位，在公卿则当退休，在士子则当静修，在贤人则当隐逸，在商贾则当待价，在战阵则当左次，

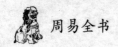

在女子则当愆期，万事万物，莫不皆然。若不知象，一爻止一事，则三百八十四爻止作得三百八十四事矣，何以弥伦天地？"（《易经集注》）

来氏这段话把孔子所谓周易"既有典常"又"不可为典要"的辩证思维的对立统一性，通过辞象的抽象性、多义性和灵活性，作了具体的阐述与发挥，说得非常明白、确切，对人们深入理解《易》象的辩证真谛，很有启发意义，可视为继承孔说而对《易》道的正确发明。也可以说，这是孔、来二氏先后发掘周易的辩证性而先后作出的辩证学说。

依据这一辩证学说来看，《乾》九五的龙象和大人之象，应该是既可指君王、圣贤，也可指平民。或者说，其直接象义是专指前者，而普遍象义则是兼指双方。但自古迄今，众多《易》家却都认为它是专指君王、圣贤，占者若非如此，虽占得此爻此象，也无应验。甚至强调龙象普遍意义的来氏，于此也产生了自语相违。他在解释《乾》九五爻时说："九五刚健中正，以圣人之德，居天子之位，而下应九二，故其象如此。占者若无九五之德，必不应利见之占矣"（同上）。这样，他又自违前言，把龙象和大人象局限于君王，甚至把无君王德位的占者排出于占验门外。这种矛盾该如何理解呢？恐怕不能说来氏思维混乱，不合逻辑，也许九五龙象的政治禁区迫使他只好作如是言，也未可知。

但倘若不是不得已而为之，而是以为如此才合乎龙象大人象的本义，才符合《易》占的要求，也才符合"既有典常"又"不可为典要"的灵活的思维方法，那便陷于违反逻辑的诡辩了。因为，既然说龙与大人（涵于象中）的概念可泛指各种各样的人，同时又说仅指某种特殊的人，这便构成自语相违。不是在确定性（典常）的基础上运用概念的灵活性（不可典要），而是暗中抛弃概念的确定性，随意玩弄其灵活性，表现为"A是非 A，"模棱两可，令人难以捉摸，无所适从。表面上，好像阐发出周易辩证思维"不可为典要""唯变所适"的优越性，实质上不过是"唯辩所适"的诡言而已。现实生活中经常出现的"此一时也，彼一时也"的论调，倘无"典常"（原则）可依，也便属于这一类滥用辩证法而略带"贼味"的诈术。

（二），《朱子语类》记载，宋太祖和大臣王昭素谈过《乾》卦九五爻"飞龙""大人"之象与占者的关系。对皇帝的垂询，王昭素答说："若臣等占得此卦，陛下是飞龙，臣等是利见大人。"朱熹赞扬王说，认为："此说得最好，《易》之所以用不穷也。"意思是，王说的高明在于它揭示出周易应用的无穷无尽。但王说与朱评都是违反逻辑规则和周易思维法则的诡论。

抛开政治关系，单从思维角度来看，王说是抛开正常思维的确定性，滥用周易辩证思维的灵活性，脱离占法的常规，把占者与爻象分割开，以皇帝占得此卦，"代替"臣等占得此卦，"——偷换命题，将周易思维的辩证性，暗变成随意性，这是貌似恭谨而实为诡诈的阿谀之辞。朱说则赞扬诡辩，把旨在教化而利民用的周易，说成无原则无典常而以私意随便解释和应用的漫无边际的"空架子，"表面上似乎在颂扬周易，实际上是在贬低周易。假若依照王朱之说。按身份解释占辞，则《乾》卦九五"飞龙""大人"等辞象，势必为皇帝所专有，从而失去其普遍的应用价值，缩小成为单一的枯槁而毫无生气的辞象。这既违反周易为民决疑的主旨，使广大的《易》道困于狭小的牢笼，无"以通天下之

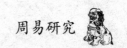

志""决天下之疑",也把"不可为典要"的周易生动活泼的辩证思维,降低为一般占书那样表现神定命定的形式思维。

本来依占法的原理,占辞应答复占问,占者应为占辞所指对象,不应有身份限制。来之德所说潜龙之龙既可指天子、公卿、士子,也可指商人、女子、乃至"万事万物",这一点是说得对的。《易》道广大,以天下为己任,自应如此。倘依王说,周易辞象所指依占者身份而定,九五飞龙专指帝王,则初九潜龙、上九亢龙,应指何而言?如皆指帝王,则九三之"君子"又何所指?"六龙时位",又应如何理解?如《乾》九五爻象为帝王专象,一切臣民占得此爻都如王说,只能仰望皇帝,则周易又如何"以通天下之志,以定天下之业,以断天下之疑"?假若赵匡胤在陈桥兵变之前占得此卦此爻,飞龙""大人"又当指谁?依王说,只能指周世宗这个即将退位的小儿,而不能指占卦的赵匡胤。这种对《乾》九五辞象的定型占断,与广阔灵活的周易的辩证思维,完全相背。

还有一点,需要补充说明:以龙象为帝王的特称,

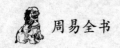

并非周易的本义。因为先秦时代的龙，尚未上升到帝座的尊位。王昭素之以龙为帝，是秦汉后的事情，与周初所兴的周易《乾》卦九五之龙象，并无直接关系。由此可见，王说并不是认真讲解周易，不过是一种故意玩弄概念的灵活性，不惜违反逻辑，以取悦于上的自欺欺人的诡词而已。朱熹的赞誉，也有同样意味。可惜，他所感叹的"《易》之所以用不穷也，"应该取掉其中的"不"字，因为这实质上等于说"《易》之所以用穷也。"

《左传》的玩弄概念

（三），《左传》的占例中也可见到滥用概念灵活性进行占释的情形。前述昭公十三年子服惠伯解释《坤》六五"黄裳，元吉"，所谓"黄，中之色也，裳，下之饰也。元，善之长也"，云云，把元吉（大吉）分开，随己意单讲元字。昭公七年，关于卫君继位问题，史朝将《屯》象"元亨"二字硬说成"元亨"（元为人名），任意改字以为占释；庄公二十二年周史占测陈完前途，据《观》之《否》中的艮（山）象，臆断陈完之后将得志于大岳后裔姜姓的异国（详见前文占例），如此等等，都是利用周易辩证思维的灵活性，随意发挥，以圆其说。实质上也属于违反正常逻辑的诡论。有人为此辩解说："《易》者意也，圣人各以其意遇之也。"王夫之则对此加以反驳，说："圣人有其意，则后之为术数异端者，亦有其意矣。私意行，则小智登，小智登，则小言起，……则滥淫于妄，而诬至道以邪辞。亦曰'意至则《易》存，意不禁则《易》无方'"（《周易外传·系辞》）。王氏此言，是针对滥用《易》道以为杂七杂八的异端末数说的，但对于耍弄周易辩证思维的灵活性以为诡论者，也是适用的。如上所述，倘若故执周易变动不居之一端，而舍其常理常规，那就不可避免地"滥淫于妄"而沦为邪辞。王氏所谓"意至则《易》存"（研《易》的思想深入则《易》理巍然而立），意不禁则《易》无方（研《易》的思想如无界限，则《易》理失去原则），这可谓学《易》用《易》的必要准则。

通过上述实例的分析，可以体会到，孔子以及《淮南子》等对周易社会效能得与失的两手分析，是有根据、有道理的。同时，对孔子所说的"《易》之失，贼!"的贼字以及"洁静清微而不贼，则深于《易》者也"的涵义，会有所领悟。对此，后代的《易》学家也有解说。孔颖达只说："《易》之于人，正则获吉，邪则获凶"（《周易正义》），而未讲其原因所在。郑玄则说："《易》精微爱恶相攻，远近相取，不能容人，近于伤害"（《礼记·经解》注）。意为周易的思维非常精细微妙，爱与恶，远与近，相反相成，互相转化。如果恶意运用，反正都是理，近乎以舌战伤人。郑说是抓住了要害，但表达不清。实质上《易》之所以失于贼，重要原因在于，它以鬼谋（占筮）的方式，在常规思维的基础上运用对立统一为本的辩证思维的灵活性，表现义理，进行占筮，而用之于世。这样，如用之得正，合乎《易》道，则产生洁、静、精、微的善果；如用之不正，则产生害人害己的恶果，正如智慧用之于正途为聪明，用之于邪路则为狡猾，是一个道理。

周易辩证思维，虽表现为千变万化，但其基本思想却是中贞之道。正如程颐所说："《易》，变易也随时变易以从道也。"变易以从"道"，是《易》变的正路；

变易以从私，则是《易》变的邪路。可以想象，学《易》用《易》之后变得不阴不阳、油腔滑调、反正是理，以"黠慧"唬骗人的作风，不正是一副贼头贼脑的狡猾相么！在这方面，当代易学大师南怀瑾先生似乎也有同感。他在《易理系传别讲》第九章中论述周易阴柔的功能对立身行事如何有用之后，立即叮嘱说："这里我要告诉大家，用阴柔如没有学对，就会就成阴险了。"在谈到学《易》后把握时空关系而灵活应变的重要性时，他又补充说："……所以，学了《易经》，也是蛮滑头的。"确实如此，倘若学了易经，未能取得洁静精微的成果，反而变得又阴险又滑头，那不恰恰是失之于"贼"么!?

佛家《易》学也如是说

这个问题，在佛家的《方山易》学中也有所涉及。《方山易》四十三代传人本光法师在阐释《系辞》"穷神知化，德之盛也"句意时，曾说：

"学《易》者因卦象爻象所系之辞……而有所感，借以观辨人事，明其神明莫测之用。深于《易》教者，

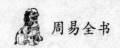

亦不可以此萦怀自心，炫惑于人，当知崇礼卑之德而审悟之，此即学《易》者之盛德也。学《方山易》者勉之哉！"《禅与易·周易禅观顿悟指要》)

本光法师所说的"明其神明莫测之用"，即指周易阴阳不测的妙用，也即指周易辩证思维的运用之妙高深莫测而言，此即《易》教之"得"。而学了周易玄妙的辩证思维之后，却"萦怀自心，炫惑于人"，即成为《易》教之"失"。佛家《易》学也是从济世教化的角度，对《易》教的得失两面，提出了审悟与警诫，基本精神和孔子的说法并无二致。

《易》象非符号

周易的象，包括数，是寓理表意的基本手段，也是最大特点，其体与用的层面是这样，从思想的层面来看，也是这样。[①] 从阴（袴）阳（—）二象问世，八卦

---

① 象为主体，数则随之。如阳象"—"为奇，阴象"袴"为偶。《震》锜《坎》赵《艮》錾象皆为五画，为奇为阳为男。《巽》傈《离》羡《兑》㠶皆四画，为偶为阴为女。阳爻用九，阴爻用六。三爻卦、六爻卦，等等，皆以象为主，象数一如，凡言象，则数亦在内。

乃至六十四卦图象出现，以至卦名卦辞爻辞等辞象的系就，周易形成了一个"弥纶天地之道"的巨大范畴体系，用于义理教化与占卜决疑。其过程中的思维运动，处处离不开象。古今中外的所有书籍，只有周易的思维是这样。所以说，象也是周易思维的最大特点。

具体地说。无妨作如下合理的设想：

不管画卦的先祖是否伏羲，卦象的产生，是源于画卦者以其创造性的思维对客观事物进行概括与模拟，大约是没有疑义的。故此孔子所谓"仰以观于天文，俯以察于地理"，"近取诸身，远取诸物，於是始作八卦"，应是信得过的说法。既然如此，那么在观察和创造的过程中画卦者的头脑必然要经过感知、认识、摩仿、抽象、概括、演绎等一系列必要的思维活动，才能深入"天下之赜而拟诸形容，象其物宜"，画出卦象，"以通神明之德，以类万物之情"。就是说，用什么形象才能把宇宙造化的功能和万物的情态及其义理，蕴涵并表现得当，画卦者势必大伤脑筋。作为《易》体基因的阴阳二象的产生，便是典型的实例。关于这个问题，学术界有种种说法：天地说、占具说、结绳说、生殖器说、明暗说，等等，已见前述。哪个说法接近正确，姑置不论，总而言之能把宇宙人间万事万物及其千变万化的共性在头脑中概括为阴阳两端而以"袢 —"二象为存蓄与表现之器，化繁杂为简单，化具体为抽象，并创造出如此轻灵简便、深涵义理而成为表现万象（六十四卦体系）基因的图象，确非一蹴而就的易事，非经过广泛的观察与深思熟虑，不能藏事。阳阴（— 袢）二象之发展为太阳豰少阴喷少阳沫太阴雏；太阳之发展为《乾》夬《兑》缯，少阴喷之发展为《离》羡《震》锜，太阴雏之发展为《艮》羼《坤》姤，成为《易》体基础的八卦；乃至八卦之推演为六十四卦，构成三百八十四爻的巨大思想范畴体系，其思想运动的复杂艰巨，可想而知。

这里有一问题，必须郑重指出：有些人由于德国哲人莱布尼茨的二元（0、1）数理与阴阳（袢 —）二象数理相同，就认为周易属于数理逻辑或符号逻辑，这是一种形式主义的一偏之见，不符合实际。

莱氏的二元算数符号和周易的阴阳二象，单从二元算数的数理来看，固然相同，但其本质却根本不同。

"0、1"仅是表现事物量的侧面的数字符号，并不蕴涵也不能表现事物内在的其他道理，而"䷁䷀"则不然。它是一对蕴涵哲学概念的图象，能表现宇宙万有的运动规律，事物量的侧面的规律，在一定范围内也可以表现。在这里，符号和图象是不同的：符号不具有本身以外的涵义，它是用以代表任何事物的空洞的外在形式。而周易的图象则不然，阴（䷁）阳（—）二象不仅自身分别涵有黑暗、光明、柔顺、刚强、背面、正面等具体意义，而且涵有相反相成、互相转化的普遍意义。不仅涵有意义，而且涵有褒贬的感情色彩，如阴常指邪恶、混浊，阳常指善良、清洁等等。一阴一阳虽是小小的图象，却蕴涵并体现着宇宙的奥秘：对立面统一的法则。宇宙人间的一切所有事物，形而上的或形而下的，具体的或抽象的，都囊括在它的运动范围之内。宇宙的空间与时间、万物的生与死、动与静、有与无、历史的兴衰、国运的起伏、世事的难与易、得与失、进与退、是与非、善与恶，等等，等等，任何事物都离不开"䷁—"二象所标志的一阴一阳之道。正如孔子所说，它是"范围天地之化而不过，曲成万物而不遗"（《系辞上》

四章）。其哲理本性与巨大功能，远非"0、1"的二位算数所可伦比于万一。"0、1"的二位算法，连开方的几何级数都表达不了，更谈不到对立统一的哲理。

如果将阴阳二象所构成的卦象同"0、1"二符号所构成的图象对比一下，便会更清晰地看出双方的差异。

甲组［☰ ☷］　　乙组［111 000］

甲组为象，乙组为数。假若把甲组的"—"和"╍"分别视为乙组的"1"和"0"，当然可以作出双方都是表示算数符号的结论。但就实际的内涵与功能全面看来，双方根本不同。甲组的象，不仅有数学意义，而且有"天地人"的全面意义，乙组则只有数学意义，并无其他含义。具体说，☰由三个阳象组成，这☰，不仅是 1 加 2 再进位为 3 的数学上的 3，而是一生二、二生三、三生万物的"三"，是象征宇宙生生不已的万物始基的"三"。三阳表示纯阳之性、纯刚之质、健动之体，乾乾不已，恰是天的象征。故而后来系辞者名之为《乾》（天）。《乾》这种造化之主的涵义，并非系辞者的杜撰、而是"—"（阳）象所禀赋的内在基因展开而构成三象后，油然而生的涵义。同理，☷象也是由基因袆象三叠而形成的，是纯阴之性、柔和之质，健顺之体，贞固不已。它配合《乾》阳，生成万物，恰似大地的性质与功能。所以后来系辞者据此象义而名之曰《坤》，以为地之象征。并且，夬（乾）姤（坤）互相交合，生出锜（震）趘（坎）犨（艮）侥（巽）愱（离）赠（兑）六象，分别象征天、地、雷、水、山、风、火、泽等八卦之象，继而又演成六十四卦象，以示阴阳之道所造成的天地万有的情态及其变化。姤 夬两者，作为图象虽很简单，内涵与功能却如此深厚。相对地，0与1却只有抽象的数量意义与二进位的计数功能，其本质的差异与内涵及功能深浅的不同，明显无疑。

弄清了上述问题之后，回过头来再从思维层面观察《易》象的产生、性质及其演进成为完整的范畴体系的过程，就会看得更为清楚。

《易》象的性能

如上所述可见，作为《易》象基因的阴阳二象，是经过"伏羲"仰观俯察、效天法地、冥思苦想而构成的

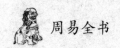
哲理概念的标志。它是二而一、一而二、对立的统一体。它和固定、呆滞、抽象、单调的数字符号或文字不同，具有它们所不能具有的特殊性能。主要可归结为下列四种性能：

（一）象征性：

"一"象阳、象刚、象雄、象健，等等。"ꀊ"象阴、象柔、象雌、象顺，等等。

"一""ꀊ"组合构成的图象（八卦）可以象征各种事物，如乾象天，坤象地，坎象水，离象火，等等，其中的艮象山，甚至是外形的象征。

（二）演变性：

"一 ꀊ"二象互反互依互交互变，从而构成四象、八卦、六十四卦图象和先天卦序、后天卦序（方图、圆图），乃至八宫卦序图象，等等。

（三）蕴涵性：

蕴涵宇宙万有生成、演变的根本法则，包括立身行事的伦理法则。

（四）广阔性：

具有无量无限的代表性。宇宙间任何事物的对立

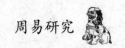

面，都可以"——"为标象。

（五）正负性

"— 袴"二象本身是平等的，但代表事物，有褒、贬、主、副之分，不是平等对待。如"—"代表善、正、是，"袴"代表恶、邪、非。"—"代表君、雄，"袴"代表臣、雌。而以君、雄为主，臣雌为副，等等。阴阳二象所具有的独特功能，主要有这样四种。这些功能，是数字和一般语言文字所不具有的。孔子看出这一点，所以他说："书不尽言，言不尽意，圣人立象以尽意"。"尽"就是"充分表达"，意思是圣人画象，是用于表达语言文字难以充分表达的思想。王弼所谓"夫象者，出意者也。……尽意莫若象，……"，说的也是同样的道理。在表现意蕴上图象是《易》的基本手段。在尚未系辞之前，《易》理已寓于象中。或者说，作者已将语言文辞所难以尽述的《易》理，凭借图象的特殊性能予以蕴涵和表现，后系的文辞不过是进一步加以为显露而已。象与辞的关系前文已详加论述，无需再赘。

总之，在头脑中概括宇宙万有的本质而寓于图象，从而表现为《易》理，并予以推演，乃是《易》体形

先天八卦图

成和运作的特殊的思维方式。从这一方面来看，从两仪
（阴阳）、四象、八卦、三画卦、六画卦、直到六十四卦
《易》象形成的过程，也就是画《易》者思维的过程。
这种以图象为主的思维，同以语言为主的思维，显然大有区别。因为，它主要是以图象为外壳的特殊形态的思维。当然，这种思维在运作过程中也要借助于语言，但语言不是主体，只是图象形成与运作的助手，而且是潜在的助手。故而从面貌与性质的整体来说，《易》体的思维，应该说是一种带有图象的思维，并伴之以数，可以名之为象数思维。它和以符号或语言为外壳而进行推理的逻辑思维，以及以语言为外壳而描写生活的形象思维，或以色彩为外壳而描绘情景或以声音为外壳而舒发感情的艺术思维，在性质和功能上迥乎不同。使用任何符号（包括数字）或任何文字（包括象形字），乃至任何色彩和声音，都不能代替《易》象所形成的蕴涵天道地道人道而变化无穷的六十四卦范畴体系，因为数的符号和文字都不具有《易》象那种象征性、演变性、广阔性、蕴涵性和正负性等性能。

孔子的《说卦》为阐明《易》象思维的特殊性和优越性，提供了典型的例证。

《说卦》在阐释卦象的理论基础和六画卦象形成的道理时说：

"昔者，圣人之作《易》也，将以顺性命之理。是

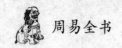

以，立天之道曰阴与阳；立地之道曰柔与刚，立人之道曰仁与义。兼三才而两之。故《易》六位而成章。"

大意是《易》象的主旨在于顺应宇宙人间的法则，故而象内涵有天地人三才。三画的卦象有所不足，乃扩大一倍，重迭运用阴阳刚柔之爻象，遂成为六画卦象。初二象地，三四象人，五六象天。一个小小的六画图象，竟而成为囊括万有的大宇宙的缩影。如此广阔的容积与巨大的能量，远非其他任何符号、文字、图画或数字之类所能赋有。

《说卦》第二章说："天地定位，山泽通气，雷风相薄，水火不相射。"宋代易学家认为，这是关于伏羲始画的八卦图象的描述，遂据以构成所谓先天八卦图。图象如图所示（与前图3同）。

对《说卦》这段话及其图象，陈梦雷作了深入浅出的阐释和分析，对我们探讨周易图象思维的特性与功能很有意义。他说：

"此伏羲先天圆图八卦之位也。《乾》南《坤》北，天居上地居下，两仪（阴阳）之位也。《艮》为山，居西北。《兑》为泽，居东南。通气者。泽气升于山，为云为雨。山气通于泽，为水为泉也。《震》为雷，居东北，《巽为风，居西南，相薄者，势相迫也。雷迅而风益烈，风激而雷益迅也，《离》为日，居东；《坎》为月，居西。不相射者，水得火以济其寒，火得水以济其热，不相灭息也。先天八卦之位如此。"（《周易浅述·说卦传》第二章）

原始八卦是否有此图象，是另一问题，可置而不论。单就图象自身而言，自然是原来便有此内涵，否则引申不出如此深厚的道理。即使不读《说卦》的叙述和后人的绎释，明眼人也会立即看出，这个图象整体就是人类生存繁息的宇宙的缩影。是一个在上天下地、日月轮迥之中，山川河流、雷电风雨之间，作息繁衍、生生不已的人间世界的图象。这个缩影或图象不仅表现出宇宙人间的基本结构，而且通过天地、山泽、雷风、水火之间阴阳刚柔的相反相成，直观地显示出宇宙万有对立统一的基本规律。

然则，如此简单的构图，何以有若斯深邃而无边的巨大概括能力？为什么使用语言文字作解，要花费那么繁多的长篇大论？质言之，原因就在于以阴阳（袴 一）

为本而衍生的图象赋有上述象征性、演变性、蕴涵性、广阔性和正负性等诸多性能的原故。

《易》象是寓理之器

值得注意的是，上图《易》象的种种道理，不是源于附加的文辞，而是象中原有的内涵。所谓"象者出意者也"，象即是表现内涵的手段。"言者明象者也"，文辞则是揭示象意的手段。在周易，文辞依附于象，并无独立自足的性能。其间的关系是，意（思想）生于物，象生于意，辞生于象。辞是象的助理，而非象的主人。如夬象之所以名《乾》，是由于它显示天的阳健之性，姤象之所以名《坤》，亦复如此。其他《震》《坎》《艮》《巽》《离》《兑》诸卦，亦莫不如此。①

总之，如上所述，从思维的角度来说，《易》的产生、发展和形成巨大的范畴体系，其间是经由作者在感觉、知觉和表象的基础上借助于语言（不是文字）把天地人间万事万物的共性加以概括，并经过演绎，造成

_____

① 关于象的双重性特点，见《〈易〉苑漫步（之一）》

"— 袴"两个图象，借以蕴涵与表示宇宙万有的共同本质与法则。然后，在潜内在语言的帮助下，以"— 袴"两象为基础，发挥它们象征性、演变性、蕴涵性、正负性等特殊功能，重选组合，反复变化，终于发展成为八卦乃至六十四卦的图象体系亦即思想体系。其间，图象在演变发展过程中反映"万物之情，"和"天人之道"。所谓"卦之德，方以知"（《系辞上》十一章）——卦的方形图象蕴涵着人间的智慧，即指此而言。这种在创作过程中凭借图象反映事物情态和蓄藏事物义理的思维，显然和运用空洞符号的数理思维以及单纯用文字说理的逻辑思维、运用文字描写生活的形象思维、以及运用声音或色彩反映生活的艺术思维，迥乎不同。其不同处除上述情况外，还在于周易的象数思维当中，图象是反映义理的生生不已的主动的工具，而在数理思维、逻辑思维、形象思维或艺术思维当中，无论符号、文字、声音或色彩，在表达内容上只是被动的工具。同时，《易》的图象在思维当中既属于形式又属于内容，它是内容与形式的统一体。而其他思维当中，符号、文字、色彩、声音之类，只属于形式而不属于内容。

　　周易的内容与形式的关系，可以归结为理与象的关系，辞象是图象的文字延伸，也属于象的范畴。关于理与象关系，程颐认为："至微者，理也；至著者，象也。"从而概括为简练的八个大字："体用一源，显微无间。"《易传序》对此，朱熹盛加赞扬，并作了解释。他说："自理而观，则理为体，象为用，而理中有象，是一源也。自象而观。则象为显，理为微，而象中有理，是无间也"（《近思录》卷三）。大意是说，理是实体内容，象是理的功用形式。理中有象，二者统一，故谓之"一源"。象以显著形式表现微妙之理，象中有理，故谓"无间"。程颐所说的"体用一源，显微无间"，以及朱熹的解释，十分恰当，都正确而扼要地说明了周易以理为体、理象一如的特点，亦即内容为主、内容与形式浑然一体的优越性。黑格尔曾经说过："在艺术里以及一切别的领域里，内容的真实和实质，主要地乃建筑在内容与形式之合一上面。"（《小逻辑》）周易为自身的特定内容——理，找到了合适的特定形式——象，经过殚精竭智的思维，作到了两者的统一。从而形成巨大的范畴体系，发挥出伟大的哲理功能、教化作用及一定的占卜功能。从这个层面也可以充分看出，周易象数思维，具有独一无二的特殊性与优越性，任何其他类型的思维方式，都不能代替。

辩证思维的鼻祖

任何事物的发展，总体看来，都是从低到高、从简到繁，人类的思维，自不例外。从"一就是一、二就是二"式的形式思维，发展到"一是一也是非一"的辩证思维，就是思维运动前进的必然历程，中外的思维史都留下了这样的记录。

抛开形式思维不谈，单就辩证思维来说，在过去"言必称希腊"的哲学气氛中，一般学者多认为人类思维之发展为高级辩证思维是滥觞于希腊，代表人物是赫拉克里特（大约公元前530—470）。从他的《论自然界》这本著作所残留下来的一百三十个片断中。可以看到如下一些辩证思维的观点。

——万物都在流动变化的思想：所谓"人不能两次踏进同一条河流"。

——自然现象向对立面转化的思想：所谓“在我们身上，生和死，睡和醒，少和老，都是同一的东西。后者变化了，就成为前者，前者再变化，又成为后者。“冷变热，热变冷，湿变干，干变湿。“结合物是整个的，又不是整个的，既是协调的，又不是协调的，既是和谐的，又不是和谐的；从一切产生一，从一产生一切。相互排斥的东西结合在一起，不同的音调造成最美的和谐，一切都是斗争所产生的。”如此等等。

——关于真理具体性的观点，他认为真理以时空条件

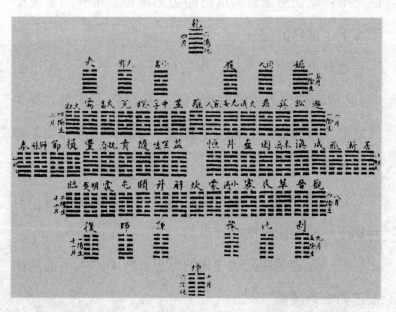

六十四卦横布图，出自清·连斗山《周易辨画》

为转移。如说："海水是最纯洁的，又是最不纯洁的。对于鱼，它是能喝的和有益的；对于人，它是不能喝的和有害的。""最美丽的猴子，与人类比起来也是丑陋的。""驴子宁愿要草料，不要黄金。"

——对立面的差别，斗争和结合的规律，谓之"普遍的逻各斯"（逻辑）。（以上均见《古罗马哲学》三联版）

赫氏辩证思维的主要观点，大致如上。

恩格斯对此给予很高的评价，他说："这个原始的、素朴的、但实质上是正确的世界观，是古代哲学固有的，它第一次由赫拉克里特明白地表述出来：万物存在着，同时又不存在，因为万物都在流动，万物都在经常变化，万物都在不断产生和不断消灭的过程中。"（《反杜林论》）

这样，在世界哲学史上古希腊便以赫拉克里特为奠基人和代表者而树立起辩证思维发祥地的地位。过去的学术界，一般都持有这种看法。但是，史实并非如此。史实是，上古时代，在赫拉克里特之前，东方的中国早已有了辩证思维的著作。一般认为，和赫拉克里特同时的春秋末季的老聃，是中国最早的辩证法思想家，其实不是。老聃的辩证思维（表现于《道德经》），大多不是开拓和创新，而是袭旧的发展。它的源头乃是兴于殷末周初的易经。《易》以道阴阳，《易》以道化；以阴阳变化之道为核心的周易，比赫拉克里特的《论自然界》和老聃的《道德经》，早出世五百年以上。故此，就世界范围来说，比较成型的辩证思维的发祥地，不是西方的古希腊，而是东方的古中国。而且，除时间差距很大之外，在内容的渊奥性与形式上的多样性上，周易的辩证思维也较古希腊处于大大领先的地位。——尽管较之现代的辩证思维来说，它只具有素朴的形态。

上述赫拉克里特的几个主要观点，属于辩证思维的一些基本原理。这些原理，本来就是周易产生、发展、演变、形成的理论基础，也是它的本体与应用的精神支柱。在六十四卦图象及其经文中，有十分具体、生动、丰富的表现。

首先是变动的观点。以变动的观点看天看人看事，是辩证思维的特性。赫拉克里特仅举河流为例，说明事物的变动不居，周易则以天人合一的无限广阔视野，通过一阴一阳的不断变化与无穷演化，具体显示变动的思想。《易》之所以名为《易》，主旨端在于此。无论《易》为善变的蜥蜴也罢，为上日下月、象阴阳之交迭也罢，或为日出时光彩闪烁之象也罢，乃至《易》有变、交、反、对、移诸 义之象也罢，总之离不开一个变字。变为《易》的灵魂，从书名也可窥知。前文多次详述，无需再赘。然则。事物何以变动不居？变的原因何在？这便是继之而来的辩证思维的核心问题。形式思维立足于抽象的同一性，自身无法解释变的根源，只能求助于外力，牛顿之乞灵于"上帝的一击"以解释运动的根源，即是典型的例证。而辩证思维却摆脱了外力论的恶性循环的泥潭，从自身赖以存在的矛盾的同一性中找到了变动的动力——"对立面的统一"当中蕴藏着变动的种子。这一点，周易的表现最为鲜明。

周易的六十四卦体系，是由八卦演变来的，八卦则是由阳（一）阴（袴）二象演变而成，"一 袴"二象可谓易经体系的基因。这个基因就是"一"与"袴"两个对立面的统一体。这两个对立面既相对又相待，既相反又相成，势必造成运动、转化、演变和发展。赫拉

克里特所谓"结合物既是整个的，又不是整个的；既是协调的，又是不协调的"等辩证特性，在《易》的基因上表现得十分清楚。依据天人合一的原理，《易》既把阴阳的相反相成作为六十四卦范畴体系形成的基因，也把它作为万有生长变化的基因。就是说，依照周易的思想来看，不但大自然的天地万物和人间的万事万物是如此演变而成，人类的精神和思想的成果，也是如此演变而成。运用一阴一阳之道来观察自然、社会和精神现象，而且从头到尾一以贯之，正是大《易》独特的无与伦比的优越性。这在纪元两千年前的全世界来说，显然开创了辩证思维的最高境界。五百多年后才出现的古希腊辩证法思想家赫拉克里特，对此恐怕只好说是后生晚辈，望尘莫及。

两点论

如上所述，从人类思维发展的历史来作观察，一个突出的革命性巨变，就是从把事物视为单一体转向把事物视为矛盾体的飞跃，也就是从确定性的形式思维向

子产像,图出自清·顾沅辑《古圣贤像传略》。子产,公元前春秋时政治家,复姓公孙,名侨,郑国贤相,主张为政要"刚柔并济"

灵活性的辩证思维的发展。这在上古时代文化较为先进的国家,是自然要发生的现象。古中国和古希腊则是其中的佼佼者,尤以中国为最。这两个古国也许是分别领先发现了辩证思维的核心——以矛盾的观点考察事物。在古希腊,除赫拉克里特之外,斯多噶派哲学家曾创造了一个著名的命题:"万物各有二柄"(Eveything has two handles),这和现代中国极为流行的所谓"两点论"非常相近(参见钱仲书《管锥篇》第一册《周易正义·归妹》)。中国汉代学者董仲舒所说的"凡物必有合。合必有上,必有下,必有左、必有右……有寒必有暑,有昼必有夜，此皆其合也"（《春秋繁露·基义》第五十三）。又说："独阴不生，独阳不长"（《春秋繁露·顺命》第七十）。宋代哲人邵雍所说的"一分为二"（转引自《监本易经》），和张载所说的"一物两体"（《横渠易说·说卦》），明代哲人方以智所说的"合二而一"（《东西均》），等等，从思维方法的辩证性来看，基本精神大体相似。但是，关于古希腊的"二柄"思想的来源，人们只晓得它是从辩论中揭发矛盾而逐渐产生的，是否继承某些传统的思想资料，则不得而知。至于中国古代辩证思维的两点论，无论是先秦的孔子、老子、还是后代的董子、邵子、方以智等思想家，其根源统统在于大《易》。

这里，仅以老子和孔子这样的代表人物为例，看看他们辩证思维的两点论。

老子生当春秋末季，与孔子同时，生平简单，隐于周王朝柱下史的卑下职位，以冷眼观察乱世。虽然很少出头露面，但作为思想家，知名度却很高。据司马迁《史记》记载，孔子曾问礼于老子。老子赠他一句名言："……良贾深藏若虚，君子盛德，容貌若愚"（《老庄申卦列传》)。这句名言中的良贾与君子都表现出外貌与内情的相反相成，这和《道德经》所说的"上德若谷，大白若辱，……质真若渝"等（四一章）说法相似，都属于"正言若反"（七八章）之类，都是运用两点论而得出的辩证命题。全部《道德经》五千言，上篇从有与无的关系开始，到三十七章"道常无为而无不为"为止；下篇从"上德不德，是以有德"开始，直到八十一章"信言不美，美言不信"终结，基本上是以两点论的辩证思维一以贯之。老子之所以成为先秦时代中国辩证思维的先驱人物和代表人物，于此可见一斑。

与老子同时的孔子也是深通辩证思维的大师。从他的活动和言论中可以发现许多运用"两手"的例证。在政治方面，例如他一面主张"导之以德"，一方面也不反对"齐之以刑"（《论语·为政第二》），强调"刚柔并济"的两手。突出的事例是《左传·昭公十二年》所载，郑国贤相子产主张有德者能以宽服民，其次莫如猛"。用以告诫继任者子太叔的史实。孔子对此赞颂说："善哉！政宽则民慢，慢则纠之以猛；猛则民残，残则施之以宽。宽以济猛，猛以济宽，政是以和。"和子产的观点一样，孔子也认为宽猛的相反相成，是统治人民的良策。另外，孔子本人的从政态度是"有道则现，无道则隐"（《论语·泰伯》），隐现结合，随时而行，也表现出对立统一的"两手"。在为学方面，也是如此，孔子认为"学而不思则罔，思而不学则殆"（《论语·为政》），讲求思与学的相辅相济，强调这样学法才最有效。孔子这种两点论表现得最清楚的，莫过于《系辞》。本来周易中并没有阴阳二字，只有"袴""一'二象，是孔子揭示其象义而表以阴阳。在《系辞》中，他抓住周易的灵魂而大肆发挥阴阳两点论。所谓"一阴一阳之谓道"以阴阳两端的相反相成，作为宇宙人世的普遍法则。所谓"阴阳不测之谓神"，以或阴或阳的适然变化，来解释莫名其妙的"神"。所谓"阴阳合德而刚柔有体"。以阴（柔）阳（刚）的对立统一来解释"天地之撰"（大自然的造化）。特别是在讲述卦爻的体会时，更能联系政治修身的实际，作出发挥。在《乾》卦《文言》中讲述"亢"字的体会时，他说："亢之为言也，知进而不知退，知存而不知亡，知得而不知丧。……知进退存亡而不失其正者，其唯圣人乎?"从进退存亡得丧这样两个方面的对立统一和互相转化上讲解亢字，可谓深通辩证思维的奥妙。在谈到知"几"的重要性时，孔子不是单以隐伏的先兆来解释几字的本义，而是说："知微知彰，知柔知刚，万夫之望"。把几（微）同彰（著）加以对比，从双方的对立统一关系中加以讲解，并把它提到柔阴与刚阳的高度予以申述，从而揭示出"几"的法则性功能。再如，在谈到周易的优越性与功用时，孔子认为它具有"因贰以济民行，以明失得之报"（《系辞下》六章）。所谓贰，是指阴阳两端。全句大意是说，人们可以顺应其阴阳之道，用以指导民众的行为，使民众明辩吉凶得失的反应。如此等等，孔子就是这样善于运用两点论的思维方法，看人看事看问题。总而言之，由上述可见，孔子和老子虽未曾对辩证思维的"两手"，从哲理上作过直接的论述，但这种思维方法在他们的言行中已具有多方面的明显表现。这和古希腊斯多葛哲人所作的"万物皆有二柄"，以及现代哲人所说的"两手"或"两点论"，可以说基本精神并无二致，都属于辩证思维的范畴。

不过，虽然说孔、老善于运用辩证思维的两点论来观察和思索问题，是上古时代辩证思维的代表人物，但却不是说，他们是辩证思维的奠基人和创造者。因为他们的两点论思维方法，都来自周易的阴阳观念。老子的"万物负阴而抱阳"也罢，孔子的"一阴一阳之谓道"也罢，追本溯源，并无例外。故此，必须承认，兴起于殷末周初的易经，才是中国乃至世界上两点论辩证思维的鼻祖。

关于周易以两点为思想基础一点，程大昌的论述最鲜明、最确当。他说：

"若大《易》之名书也，专以变易言之，则凡象若（或）数，虽其屡变迁也，而皆不出乎两相更迭也。非'两'则无变，舍变则无《易》也。其曰：'一阴一阳，之谓道者，是'两'之可以出变者也'。又曰：'一开一合之谓变'，是'两'之终能变者也。用此求之，凡其相错、相杂、相得、相易、相等、相摩、相盈、相推、相感、相攻、相取、相逮、相悖者，莫非以'两'为体，而形乎相交之地也。人而知夫'两'之所当而措焉，则可以常吉而不凶也。苟惟不能参观、而倚于一偏，则其蔽必至于知得而不知丧，知进而不知退，知存而不知亡也。故夫子之言《易》曰：'因贰以济民行，以明失得之报。'贰即两也。贰之可以济民也，即参彼我而裁可否之谓也。（《易原》）卷四《因贰明失得》）

他又说：

"极天下之大，万物之众，事为之夥，而其形体情实，无有不相配对者也。寒暑、日月、雷雨、昼夜、山泽、水火、君臣、父子、夫妇、牝牡、道器、刚柔、仁义、治乱、进退、生死、吉凶、荣辱等，有万不同，而无有孑然独立者也。夫其每出必'两'者何也？阴阳实为之也。……故事物之无不有'两'者，其源实出于阴阳也。于是，究其极言之，天之阴阳，即地之柔刚，人之仁义，而卦爻之《乾》《坤》也。四易其地，四变其名，而皆不离乎'两'也，六十二卦，无一卦焉而不载《乾》《坤》，则何事何物也，而非'两'出也？故说'两'明，而《易》之本末著矣。措'两'明，而有得无失矣。"（《易原》卷四《事物悉载二》）

程氏以阴阳两点论作为宇宙的根本法则，据以剖析天人万物和周易，一以贯之，简明确当，鞭辟入里，实为打开周易辩证思维体系的一把金钥匙。尤其其中"非

'两'则无变，舍变则无《易》"和"六十二卦，无一卦而……非'两'出也。故说'两'明，而《易》之本末著矣"两句，更是画龙点睛之笔，《易》之以辩证两点论为思想主干，于兹昭昭明矣，程氏之言，良有以也。

六十四卦是三十二个阴阳对立统一体

阴阳的对立统一是周易的世界观。但经文中只有阴（袴）阳（一）二象，并无阴阳二字，阴阳二字是外来的解释。孔子袭用传统的说法，阐释并发扬其中的一阴一阳之道。后来《庄子·天下篇》之所谓"《易》以道阴阳"，也许是基于孔说而作的集中概括。这一观点，扼要地抓住了周易辩证思维的灵魂。整个易经六十四卦三百八十四爻，从头到尾，处处充满阴阳相反相成的关系和变化，可谓一以贯之。

如前所述，阴阳二象是效法天地而生。"一"象天，于气为阳，于数为奇；"袴"象地，于气为阴，于数为偶。天地合而为大宇，分而为天地；阴阳合而为太极

（大气），分而为两仪。分中有合（合二而一），合中有分（一分为二），相反而又相成，相依而又相变。如此这般，生生不已，千变万化。简单的阴阳二象本身，已竟蕴涵着如此玄妙的"天机"："—"象为奇，"袴"象为偶，而"—"象具有两端，两为偶，是奇中有偶，亦

羲皇先天六十四卦方图，出自清·刘一明《周易阐真》。羲皇即伏羲，相传伏羲画先天八卦，八卦衍生为六十四卦

即阳中含阴。同时"袴"象由两奇构成，是偶中含奇，亦即阴中含阳，如此阴阳互为其根，相反相成。而"反者道之动"（《道德经》四二章），正中有反，必然不寂静而发生动荡，成为生命的源头。于是正如天地之气分合升降而生万物一样，阴阳二象亦交迭演变而生四象、而生八卦、而生六十四卦三百八十四爻，终于形成蕴涵天地人三道的无限广阔的辩证思维体系。《易》体就是这样由阴阳二象矛盾统一的内在机制的互动而造成的。在这一点上，任何《易》体形成的理论，无论是《乾》《坤》生六子之说，或其他卦变之说，都离不开阴阳二象相反相成的辩证思维法则的作用。

这一法则在八卦和六十四卦上都表现得清清楚楚。

八卦由《乾》夬天、《坤》姤地、《震》锜雷、《巽》俟风、《离》羡火、《坎》趑水、《兑》缯泽、《艮》犟山组成，其结构特点是两相对待，相反相成。分则为八个卦，合则为四对卦。它以图象加文字的形式，直观地体现出宇宙万有合二而一与一分为二相结合的对立统一的基本法则。例如《乾》（天）健《坤》（地）顺，健顺相反而又相辅，生成万物。《离》（火）

刚《坎》（水）柔，刚柔对立而又互助，发挥功用。（《水火即济》，如烹调之类）就这一点来看，孔子所说的八卦可以"通神明之德，类万物之情"，完全正确，绝不过分。八卦图象已见前文，兹不再赘

最能具体而鲜明地表现对立统一辩证法则的，是六十四卦的传统卦序。它和用之于占筮的八宫卦序之类不同，是表现天（自然）人（社会）合一之道（共同的普遍法则）的卦序。名称上是六十四卦，实质上乃是三十二组卦。上经始于《乾·坤》。终于《坎·离》计十五组，下经始于《咸·恒》终于《既济·未济》，计十七组，总共三十二组。即孔颖达《周易正义》所说的"二二相耦"。用辩证法的语言来说，六十四卦的卦序，就是三十二个对立面统一体的序列。同时把这三十二组卦贯穿起来的纽带和关系，则是卦象的"非变即复"或曰"非错即综"。"变"（错），指两卦的阴阳相反，如《乾》夬与《坤》姤、《坎》趑与《离》羡之类。"复"，指前卦颠到而成后卦，如《屯》鹄象颠倒，即成《蒙》鹩象、《需》鸲象颠倒，即成《讼》腘象等等。如此，从《乾·坤》开始，或错或综直到《既济

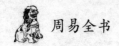

·未济》终了，就形成了三十二个对立面统一体相反相成、生生不已的序列。这就是周易卦序所依据的原则。

这里有一个问题需要顺便说一下。有一种说法，认为"非错即综"只是六十四卦形式上的演变，这种说法有所偏失。实际上，六十四卦经过错综而造成三十二组卦的序列，既是卦象外形的演变，也是卦象内涵的演变，其外形和内涵的演变，在这里完全融为一体，可以说是表现出逻辑与历史的统一。具体说，如周易第一个对立统一体是《乾·坤》夬姤，象形上是六阳六阴相错并立，象义上是象征天地纯阳纯阴的相反相成。而象之形义所蕴内涵则是《乾》（天）健《坤》（地）顺而始生万物，同时也是"《易》之蕴"，而演为六十四卦。

卦象联系演进图

象征地上水下，即地下有水；后者是水下有地，即地上有水，其象形与象义所蕴之内涵则为；地中有水，众多而积。地有顺义，而水有险义，内险而外顺，险道而顺行，是军旅之事，故名为《师》。而卦象颠倒之后，成为水在地上，有水土相亲的情态，故名为《比》。卦象的综变，不仅是形式之变，也是内容之变。它表示险道的战争——《师》，倒过来即成为顺道的和平——《比》，地水之象综而为水地之象。《师》《比》在逻辑上的相反相成及其转化，恰好同战争与和平在历史上的对立统一及其转化之间，呈现出辩证关系的一致性。所以，孔子所说的"立象以尽意，设卦以尽情伪，其中所含象义一如、义事一如的思想，对后人认识周易形式与内容的关系有很大启示。又如；周易第六个对立统一体为《泰·否》音踬，《泰》象为三阴在上，三阳在下，象义为《坤》（地）在上，《乾》（天）在下，天地倒置。涵义为："小（阴气）往（上去）大（阳气）来（下来）。……天地交，而万事通也。上下交而其志同也。内（下卦）阳而外（上卦）阴，内健而外顺，内君子而外小人。君子道长，小人道消也。"这是孔子对

《泰》象内涵所作的揭示与引申。《泰》象倒置，成为相反的《否》象，其象义与内涵同《泰》象也完全相背，一变而为："大往小来……天地不交而万物不通也。上下不交而天下无邦也。内柔外刚，内小人而外君子，小人道长，君子道消也"。从象形上看，《泰》《否》阴阳相错，对立统一，综而为《否》《泰》，仍然阴阳相错。这在卦序的演进中属于错综相兼之类。周易殿尾的第三十二个对立统一体《既济·未济》钿样，亦复如此。其中，前者的象形是四阴夹一阳在上，二阳夹一阴在下，后者恰好相反，彼此相错而相依。《既济》象义为水火相济，阴阳各当其位（初、三、五，，二、四、六，阳爻占阳位，阴爻占阴位）而相应（初与四、二与五、三与六），其内涵表示事物的完成（终）。《未济》则反之阴阳错位，（初、三、五阴爻占阳位，二、四、六阳爻占阴位），其内涵表示事物的未完成（始），两卦合为一组，表现事物发展的阶段性。其卦象阴阳相背，是为错，倒过来是为综，依然阴阳相背，还是错。就这一点而言，周易三十四对统一体（六十四卦）是始于《乾·坤》之错，而终于《既济·未济》之错综兼

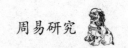

备。卦象的联系和演进情况如图所示。

以上六十四卦象，除《乾》《坤》、《坎》《离》、《大过》《颐》、《小过》《中孚》八个相错，其余五十六卦象都相综。其中《否》《泰》、《既济》《未济》、《随》《蛊》、《渐》《归妹》四组卦象是综错相兼。

如此，三十二组卦或综或错，相反相因，遂形成一个赅蕴天则人道的巨大的《易》象范畴体系。宋儒程颢所谓"其体则谓之《易》，其理则谓之道"（转引自《近思录集注》卷三），扼要地揭示出象体与义理的统一。而这正是周易辩证思维的根本特点。

阴阳互交互变

阴与阳既对立又统一，既相成又相反，既互相排斥。又互相包含；这种矛盾关系，是动力的源泉；而动必引起分裂，由合二而一成为一分为二，并发生互相转化。这种情景以直观的鲜明形态，呈现在广泛流传的所谓太极图中（见图10）。

此图的名称与内涵，皆源于孔子对周易本质的解

太极图

说：所谓"《易》有太极，是生两仪（阴阳），两仪生
四象，四象生八卦"，等语，是此图所本。据杭辛斋先
生讲，此图又名"天地自然之图"，是"八卦所由所
画"，乃宋人蔡季通从四川隐士手中获得的。虽然它未
必是伴随周易流传下来的古图，大约是后代道家人物依
据《易》理而绘制的，但诚如杭先生的体会："熟玩

之，有太极函阴阳，阴阳函八卦之妙。"（以上见《学易笔谈》书中《易楔·图书第一》）从此图中，可以见到上述对立面统一的关系：两仪合而为太极（矛盾统一体），分而为阴阳（统一体的分裂）。阴为黑色，阳为白色。黑中有白点，是为阴中有阳；白中有黑点，是为阳中含阴。黑白两色呈两鱼形，头尾相接，表示阴阳二气互为其根，相反相成，互相消长，互相转化，生生不已，终始无际的自然状态。仔细观察，《易》道之辩证思维情景，的确跃然纸上。应该说，太极图是揭示《易》理秘蕴的一大发明。——在这里，人们直观地看到了阴阳这个对立统一体互交互变法则的情景。如图所示，阴阳既对立又互交，便发生动盈与变化。孔子所说的"刚柔相摩，八卦相荡"，"刚柔相推，变在其中矣"以及荀子所说的"阴阳接而变化起"（《荀子·礼论》），都是指阴（柔性）阳（刚性）既互为其根又互相斗争而发生变动。前文所举出的《泰·否》的情况，便是这样。两卦显示：阴（地）阳（天）同体，而刚柔相摩，阴升阳降变为《泰》，阴降阳升则变为《否》，互为升降而吉凶转变，便是阴阳互交互反所引起的互相转化的

形态之一。此外，更重要的转化形态是阴阳互为消长。所谓十二消息的卦变，就是刚柔相推而引起的阴阳转化。简言之，它就是《乾·坤》诸爻阴阳互为消长所造成的十二个循环卦变。其概况为：《坤》阴交于《乾》阳，阳一长而转为《复》䷗，再长而转为《临》䷒，三长而转为《泰》䷊，四长而转为《大壮》䷡，五长而转为《夬》䷪，如此阴阳消长，至六长而臻阳极，乃由纯阴（柔）之《坤》，一变而为纯阳（刚）之《乾》。但阴阳互为其根，阴中寓阳，阴不能灭。阳长至极，则转而生阴。于是，《乾》夬阳反过来交于《坤》姤阴，阴一长而为《姤》䷫，再长而转为《遁》䷠，三长而转为《否》䷋，四长而转为《观》䷓，五长而转为《剥》䷖，如此阳消阴长，至六长乃由纯阳之《乾》，复返为纯阴之《坤》。如此阴阳相推，刚柔相易，遂造成《乾·坤》与《坤·乾》的阴阳大转化，这就是所谓十二消息卦变的实质。

由上述可见，周易的思维里不仅有两手或两点论，不仅有对立面统一的观念，而且也不乏对立面互相转化的观念，这些都是周易辩证思维的要素。老子所谓"祸兮福之所倚，福兮祸之所伏"，正表现阴阳互为其根的思想。"正复为奇，善复为妖"，则表现阴阳互转的思想。看起来，老子这种思想也许都是来自周易。

周易阴阳消长互相转化的辩证观点，对人们正确认识自然与社会的运动，有着重大的指导意义和实用价值。上述十二消息卦，即是一例。十二消息卦是西汉易学家孟喜卦气说的重要内容。孟喜是应用周易《乾·坤》阴阳消长转化之象，配合于节气变换而创出的，所以又名十二月卦。简言之，每年十一月冬至，一阳生，为《复》卦。十二月阳长至二，为《临》卦。正月阳长至三，为《泰》卦。二月阳长至四，为《大壮》卦，三月阳长至五，为《夬》卦。到四月小满，阳气满盈，纯阴之《坤》一变而为纯阳之《乾》。但接下去，到五月夏至阴复生，成《姤》卦，六月阴长至二，成《遁》卦，七月阴长至三，成《否》卦，八月阴长至四，成《观》卦，九月阴长至五，成《剥》卦，到十月小雪，阴气满盈，成《坤》卦。接下去，阴极阳生，到十一月冬至，一阳复生，又返为《复》卦。如此阴阳互为消长，互相转化的情景，与一年廿四节气的推移更迭和流

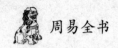

转不已的气候演变，配合无间，十分恰当。这种阴阳消长转化的气象观，虽非直接取之于周易，但其产生的根据则主要是来自《易》理，这是不言而喻的。

周易阴阳消长的辩证思想，对人们正确认识社会，也有重大功能。例如《左传昭公三十二年》记载，鲁昭公被大臣季孙氏赶出鲁国，死于外地。赵简子探问史墨的意见。史墨评论说："……社稷无常奉，君臣无常位，自古以然。……在《易》卦，《震》（雷）乘《乾》曰：《大壮》，天之道也"。史墨引用周易卦象之变，证明自古以来国家与君主的地位都不是固定不变的。照常理，《乾》（天）在上，《震》（雷）在下，但周易却让《震》（雷）乘坐于《乾》天之上，并誉之为《大壮》（正大）。史墨认为，这表明事物地位的转化是必不可免的，所以鲁国之君臣易位，也在情理之中。这样，周易辩证转化的卦象和思想，对当时人正确认识鲁国的政变，成为哲理的论据。

物极必反

　　"物极必反"是一个高度概括的中国气派的辩证命题。上述"履霜坚冰至""亢龙有悔""阴疑于阳必战""盈不可久""穷则变"等思想，都可以囊括于此。从物之动到动之极，是量变过程，极而反则是质变而生的转化。《乾》之极，必转为《坤》，《泰》之极，必转为《否》，反之亦然。《易》卦六位，上位是卦位的顶峰，爻至于此，已达极限，面临转化的危机。故而许多卦的上爻不吉。《乾》《坤》之外，《讼》上九"或锡之鞶带，终朝三褫之"（凭健讼而获朝廷显贵的大带之赐，一天内却多次被剥夺），表示上九阳刚已达极点，逞强胜诉而获赐，不能持久。《比》上六"比之无首，凶"，表示上六以阴柔处于极位，柔弱无能，与众亲比，却不能率先行事，故而凶。《泰》上六"城复于隍"，比喻《泰》运已臻极点，将如城墙又倾覆到壕沟里那样，转化为《否》。《噬嗑》上九"何校灭耳，凶"，意指穷亢之阳居于极位，怙恶不悛，以致遭受抗枷灭耳之刑。

《复》上六"迷复，凶"，意为上六以阴柔居《复》之终，迷途而不知返，结果必凶。《无妄》上九"无妄，行有眚，无攸利"，是说上九处"无妄之颠，途穷难行，行必有灾。《大过》上六"过涉灭顶，凶"，是说上六以阴柔而居于阳气大过之境的无位之高位，会有灭顶之灾。《恒》上六"振恒，凶"，指出上六以阴居阳，处于"恒"境之顶，动必有咎。而上六震动不已，必"大无功也"（《象》辞）。其他如《晋》上九，《明夷》上六，《益》上九，《夬》上六，《革》上六，乃至《既济》上六，《未济》上九，等等，很多居于上位之爻都以穷极而陷于困境，面临物极必反的灾祸。老子"物壮则老，谓之不道"（《道德经》五十五章）的辩证发展观点，大约也是吸收周易这种"恶首"（恶亢）的思想而形成的。由此可见，周易所涵的阴阳对立面，在相反相成的运动中，以卦爻的象数辞的形式发展变化，其间蕴涵的量变质变的法则，确已精练地概括于古人所说的"物极必反"的哲学命题中。所不足的，只是需要回过头来联系周易的实际，具体而深入地加以探索和论述而已。

知"几"、知"度"、知"中"

对于"物极必反"的法则，周易在通过象数文辞之变加以表现的同时，也提出趋吉避凶的对应之计。上述"知几""持盈"，便是主要的对策。"知几"能因小见大，预见吉凶，而加以预防，或采取应付的手段。老子所谓"其未兆易谋，其脆易泮（碎），其微易散"（《道德经》六十四章），就是说明"知几"早备的对策。"持盈"的办法是适可而止，不走极端。老子所谓"其安易持"（《道德经》六十四章），便是与此类似的观点。这里便涵着一个"度"的概念。

"度"是事物发展的量变过程中保持原质的数量界限。超出"度"的界限，事物即发生质变。例如《乾》阳自下而上"六龙时位"，这"六龙"的范围，就是《乾》阳的度。在这个界限内阳性不变。越过这个范围，立即发生质变。《乾》阳化而为《坤》阴。具体说，《乾》阳自下而上，逐步量变，达到五位时，已近满盈，是尚有余地的最佳状态。如再进一步升到六位（上位），就达到颠峰，接近"度"的最上界，濒临质变的边缘，势将发生转化。于是周易站在扶阳仰阴的立场，依据物极则反的原理，提出"亢龙，有悔"的告诫。告诉人们，龙阳长到五位时，已经"飞龙在天"，达到志得意满、中而且正的境地，此际要返身修德，留有余地，切勿一意亢进，走上穷途的上位，成为"亢龙"，以免陷入"物极必反"的泥坑。周易这一告诫，表现出关于事物发展的"度"和"知度"的思想，要人们办事留有余地，盈而不溢。也就是要人们注意量变的界限，注意事物的度，不要过度，以免发生邪恶的质变。在周易思想里，作为主要概念的"中"，和"度"的观念也有关连。不少人以为周易（乃至儒家）的中是折中的调和论，其实这是误解。所谓中，并不是中间之意，而是说，既非过分又非不及，恰如其分。俗语所说的不走极端，就是"中"的观念的表现。在方法论上，周易最重视的是中。如《乾》五爻为最佳时位，九五谓之得中。至于上九，则过中而成"亢"，走上极端，是以有悔。而《乾》九四则处于九五之下，故必"跃"始得及"中"。《丰》蠧卦象是震上离下，象征光明盛大。卦辞曰："亨，王假之。勿忧，宜日中。"意为，气象亨通，君王的德政所致。无需忧虑，宜如日照中天，而不过中，盛而不衰。"这也是以恰如其分而不过头来描绘"中"的优越性。周易往往于位增至三，即提出将过中之戒，如《临》卦辞指出，"至于八月有凶"，才及三爻即劝戒说："即忧之，无咎"。同样，《泰》运将转为《否》，甫及三爻，即提出"无平不陂，无往不复"之戒，这表现周易对事运过中之变，极为担忧。如此等等，不一而足。

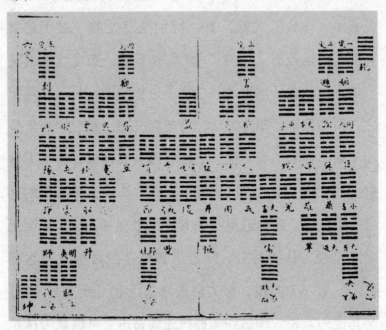

六十四卦卦变图出自清·连斗山《周易辨画》

　　由此观之，可见周易的所谓"中"，既非折中，亦非调和，而是表示：事物的成长发展过程中，有一个量变达到的最合适最理想的"度"，不及则弱，过头则亢。这个量度，就叫作"中"。在这个意义上，可以说周易的"中"，就是量变所达到的满而不溢的度。而"极则反"，则是过度而转向反面。

　　为了在进德修业的道路上趋吉避凶，面对阴阳消长、极而必反的法则，周易提供的对策，除先见之明的知几以外，还有"进退而不失其正"的知度。这种思想的典型，蕴涵于《乾》卦。特别是三爻的"君子终日乾乾，夕惕若厉，无咎。"深藏着知几、知度、进退适宜的训诫。孔子解释说："君子进德修业，……知至至之，可与几也；知终终之，可与存义也。是故，居上位而不骄，在下位而不忧。故乾乾因其时而惕，虽危无咎矣。"（《文言》）这段话的核心是"知至、知终"的立身行事之道，亦即进退不失其正的处世原则。"知至至之"是说，认清时势，知道进德修业的目标可望达到（至），就不失时机，努力前进而实现它（至之）。"可与几也"是说，能做到掌握机先而奋进，可以认为这是知几的明智。"知终终之，可以存义也"是说。能够认清时势，知道前进不利，应该终止就断然终止，可以认为这是保存道义的立场。依据前述阴阳消长、极则必反的法则，来看孔子所提出的这个"知至至之，知终终之"的行动方针，便可体会到其中的前者属于"知几"，后者属于"知度"。

但是，何以孔子从《乾》三爻内涵中悟出这么个行动方针呢？略作分析，便可明白，《乾》卦是纯阳纯刚之体，阳自下长，长至三爻，臻于内卦之颠，虽未离开人位（三、四为人位），却已崭露头角，声誉显赫，处于上下之际，而有浸浸上升，前进不已的趋势。三属阳位，三爻又是刚性，阳居阳位，且不得中，是为"重刚而不中，上不在天，下不在田"（《文言》），正处于一个不上不下的险地，最易有咎。故而周易教诫君子，必须认清所处的这种地位，兢兢业业，朝夕不懈，既不可盲目前进，也不可萎靡怠惰。要审时度势，可进应进，则不失良机，奋力"至之"。如不可进或不应进，则乾乾兢惕，知终终之，守志不移。如此，知几知度，知进知退，小心谨慎，顺时而动，自能趋吉避凶，泰而无

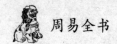
咎。正因为《乾》九三处于这种进可攻退可守的"关隘",故而需要知几知度,以定行止。孔子于此提出"知至至之,知终终之"的行动方针,说明他对周易阴阳消长转化之义认识极深。